# Sécurité économique dans un monde en mutation

OCDE
DES POLITIQUES MEILLEURES
POUR UNE VIE MEILLEURE

Cet ouvrage est publié sous la responsabilité du Secrétaire général de l'OCDE. Les opinions et les arguments exprimés ici ne reflètent pas nécessairement les vues officielles des pays Membres de l'OCDE.

Ce document, ainsi que les données et cartes qu'il peut comprendre, sont sans préjudice du statut de tout territoire, de la souveraineté s'exerçant sur ce dernier, du tracé des frontières et limites internationales, et du nom de tout territoire, ville ou région.

Les données statistiques concernant Israël sont fournies par et sous la responsabilité des autorités israéliennes compétentes. L'utilisation de ces données par l'OCDE est sans préjudice du statut des hauteurs du Golan, de Jérusalem-Est et des colonies de peuplement israéliennes en Cisjordanie aux termes du droit international.

**Merci de citer cet ouvrage comme suit :**
OCDE (2025), *Sécurité économique dans un monde en mutation*, Éditions OCDE, Paris, https://doi.org/10.1787/3f5404db-fr.

ISBN 978-92-64-80193-6 (imprimé)
ISBN 978-92-64-63960-7 (PDF)
ISBN 978-92-64-74704-3 (HTML)

**Crédits photo :** Couverture © ImageFlow/Shutterstock.com.

Les corrigenda des publications de l'OCDE sont disponibles sur : https://www.oecd.org/fr/publications/support/corrigenda.html.

# Préface

La sécurité économique est un élément clé de la stabilité et de la prospérité de nos pays et de nos sociétés. Tout au long de l'histoire moderne, les économies ont cherché à protéger leurs chaînes d'approvisionnement critiques et à se donner les moyens d'assurer les besoins essentiels de leurs populations face à des perturbations et à des menaces extérieures. La sécurité économique reste un objectif central dans le paysage mondial d'aujourd'hui, marqué par un degré élevé d'interconnexion et de complexité.

Comme on le voit dans ce rapport, différents aspects de la sécurité économique, comme la résilience des chaînes d'approvisionnement, la sécurité énergétique ou la cybersécurité, sont étroitement intriqués. Par exemple, la sécurité des chaînes d'approvisionnement, notamment en énergie, est importante pour garantir la sécurité de l'approvisionnement énergétique. La sécurité énergétique est elle-même essentielle à la cybersécurité, pour laquelle des pannes d'électricité constituent une menace. Enfin, la cybersécurité dépend de la sécurité des chaînes d'approvisionnement en intrants critiques comme les puces électroniques et les technologies numériques de pointe.

Le présent rapport s'inscrit dans le cadre du programme de travail de l'initiative de l'OCDE relative à de Nouvelles approches face aux défis économiques (NAEC). L'initiative NAEC, lancée en 2012, repose sur une approche interdisciplinaire de l'analyse de l'économie et des politiques publiques, en s'appuyant sur de nouvelles formes de pensée issues d'un large éventail de disciplines, et vient étayer les travaux analytiques menés par l'Organisation et les conseils sur l'action publique que l'OCDE dispense à ses pays Membres et partenaires.

Ce rapport a été élaboré à partir d'éclairages qui s'appuient sur les compétences spécialisées de l'ensemble du Secrétariat de l'OCDE et de l'Agence internationale de l'énergie (AIE). On y met en lumière l'importance de la sécurité économique dans un contexte marqué par de fortes incertitudes géopolitiques et par un niveau élevé d'interconnectivité à l'échelle mondiale. Il contribuera à faciliter l'élaboration de politiques publiques et de réponses stratégiques éclairées, dans le but de garantir la stabilité et la résilience de l'économie dans un monde en constante mutation.

***Mathias Cormann***

Secrétaire général de l'OCDE

***Álvaro Santos Pereira***

Chef économiste de l'OCDE

# Remerciements

Le présent rapport a été établi à partir des contributions de : Przemysław Kowalski et Andrea Andrenelli (Direction des échanges et de l'agriculture) ; Laurent Bernat, Lauren Crean, Antton Haramboure, Guy Lalanne, Lea Samek et Angela Attrey (Direction de la Science, de la technologie et de l'innovation) ; Keisuke Sadamori (Agence internationale de l'énergie) ; et Benjamin Katz, Ana Novik, Joachim Pohl et Nicolás Rosselot (Direction des affaires financières et des entreprises). Les travaux de coordination et d'édition ont été menés par Valentine Millot, Łukasz Rawdanowicz et Douglas Sutherland. Le rapport a également bénéficié des commentaires précieux de : Alain de Serres, Åsa Johansson et Álvaro Pereira (Département des affaires économiques) ; Marion Jansen et Julia Nielson (Direction des échanges et de l'agriculture) ; Julia Carro, Gallia Daor, Alice Holt, Guy Lalanne, Takako Kitahara, Jerry Sheehan, Filipe Silva et Jeremy West (Direction de la Science, de la technologie et de l'innovation) ; Oliver Denk (Cabinet du Secrétaire général) ; et Miłosz Karpiński (Agence internationale de l'énergie) ; ainsi que de membres des délégations auprès du Comité de politique économique, du Comité des échanges, du Comité de la politique du numérique et son groupe de travail sur la sécurité numérique, du Comité de l'industrie, de l'innovation et de l'entrepreneuriat et du Comité de l'investissement. Ane Kathrine Christensen a apporté une assistance statistique. Les exposés présentés et les débats engagés au cours de l'atelier NAEC sur les aspects économiques de la sécurité nationale, qui s'est tenu à l'OCDE le 9 février 2024, ont également été mi s à profit pour élaborer ce rapport.

# Table des matières

## Tableaux



## Graphiques

## Encadrés

# Résumé

La sécurité économique désigne la capacité d'une nation à protéger et à entretenir la stabilité et la croissance de son économie en renforçant sa résilience face à des menaces aussi bien intérieures qu'extérieures. Il s'agit d'une notion qui n'est pas définie de manière précise et qui recoupe celle, plus large, de sécurité nationale. Après la série de crises économiques et de tensions politiques qui se sont succédé ces dernières décennies, l'amplitude des risques menaçant la sécurité économique ciblés par les responsables de l'action publique s'est agrandie. Elle englobe entre autres la capacité à préserver des actifs économiques essentiels, à maintenir des infrastructures critiques et à garantir l'accès à des ressources indispensables comme l'énergie, les produits alimentaires ou la technologie. Parmi les principales dimensions de la sécurité économique figurent la protection des secteurs et chaînes d'approvisionnement stratégiques et le maintien des flux d'échanges et d'investissement, auxquels vient s'ajouter la cybersécurité. Par essence, la sécurité économique fait partie intégrante de la sécurité nationale, car la capacité globale d'un pays à défendre et à promouvoir ses intérêts dans un environnement mondial en mutation rapide doit pouvoir s'appuyer sur une économie forte et stable.

Certains risques pesant sur la sécurité économique ont récemment rencontré un fort écho dans le débat public, avec les perturbations des chaînes d'approvisionnement constatées pendant la pandémie de COVID-19 et la volatilité des marchés énergétiques et agricoles observée dans le sillage de la guerre d'agression menée par la Russie contre l'Ukraine. Les perturbations qui se sont ensuivies dans les approvisionnements en matières premières critiques, énergie, produits pharmaceutiques, semi-conducteurs et autres biens ont mis à mal la sécurité économique, sanitaire ou militaire des pays. Nombre de ces aspects ont vu leur importance croître dans le contexte de la montée des tensions géopolitiques, de la nécessité impérieuse d'engager la transition écologique pour éviter les conséquences dramatiques du changement climatique et de l'accélération de la transformation numérique des économies. C'est pourquoi de nombreux gouvernements s'emploient actuellement à élargir et à approfondir les instruments de l'action publique et les mesures qu'ils peuvent prendre dans le but de garantir la sécurité économique et stratégique de leur pays.

Avec l'évocation de ces questions urgentes, le présent rapport permet d'examiner les enjeux pour la sécurité économique qui existent de longue date ou qui se font jour, ainsi que d'envisager les réponses que les responsables de l'action publique pourraient y apporter. Différents aspects sont ainsi mis en lumière :

- La concentration de la production et des échanges de biens et de technologies spécifiques, notamment d'énergie primaire, de semi-conducteurs et de matières premières critiques, génère un certain nombre de risques pour la sécurité économique. Une forte concentration peut être le résultat d'une spécialisation accrue qui contribue à stimuler la productivité et à faire baisser les prix, notamment grâce à des économies d'échelle au niveau de la production. Cependant, cette forte concentration, si elle va de pair avec des chaînes d'approvisionnement internationales plus longues et plus complexes, risque de créer un potentiel de propagation et d'amplification des micro-chocs et, partant, d'accroître les risques géopolitiques.
- L'augmentation d'une structure d'actionnariat transnationale dans les entreprises, notamment celles qui exploitent des infrastructures critiques, est également une source de préoccupations

croissantes quant à la sécurité des investissements. Dans ce contexte, de nombreux pays ont mis en place des mécanismes d'examen des investissements, ou actualisé les dispositifs existants.

- Les risques pesant sur la sécurité économique sont souvent intriqués, et des perturbations dans un domaine peuvent avoir des répercussions en cascade sur d'autres. Cet enchaînement résulte des interdépendances complexes qui existent entre les différents secteurs économiques et de la dépendance croissante à l'égard d'intrants intermédiaires spécialisés ainsi que de services et d'infrastructures de connectivité. Les efforts déployés pour améliorer la résilience d'un domaine peuvent donc indirectement contribuer à celle d'un autre, et cela montre bien la nécessité d'une poursuite des discussions et d'une collaboration active dans toutes les sphères de la sécurité économique.
- Il est essentiel que les pouvoirs publics agissent pour minimiser les risques pesant sur la sécurité économique. Cependant, on peut légitimement craindre que des mesures mal conçues n'en viennent à saper inutilement les avantages de l'économie de marché et du commerce international. Il est donc crucial de s'employer efficacement à concevoir des politiques et à instaurer un dialogue sur l'action publique de façon à assurer la sécurité économique sans pour autant compromettre les avantages qu'apporte l'ouverture des marchés.
- Si notre connaissance des risques qui pèsent sur la sécurité économique dans différents domaines s'améliore, il n'en reste pas moins que nous avons besoin d'un plus grand nombre de données et d'analyses. Celles-ci sont en effet indispensables à la formulation de recommandations d'action publique fondées sur des données probantes.
- Dans ce contexte, l'OCDE comme l'AIE continueront de jouer le rôle important qui a été jusqu'à présent le leur. Nos analyses consacrées aux vulnérabilités des chaînes d'approvisionnement (par exemple avec l'Examen de l'OCDE sur la résilience des chaînes d'approvisionnement), aux restrictions à l'exportation de matières premières critiques (par exemple avec l'Inventaire des restrictions à l'exportation de matières premières industrielles), à la sécurité énergétique, aux cadres d'action et lignes directrices relatives aux politiques en faveur de l'investissement étranger et à la sécurité numérique, ainsi que les échanges que nous menons dans le cadre de groupes d'experts [par exemple le Réseau informel d'échanges sur les semi-conducteurs (*Semiconductor Informal Exchange Network* ou SIEN), le Réseau des économistes en chef ou l'initiative MEDICON visant à promouvoir la résilience des chaînes d'approvisionnement en produits médicaux] constituent autant de contributions importantes aux débats et à la conception de l'action publique dans le domaine de la sécurité économique.

Le présent rapport se compose de quatre chapitres. Chacun d'eux est consacré aux risques spécifiques, mais pourtant interdépendants, auxquels sont confrontées les économies contemporaines, et présente dans leurs grandes lignes une série d'approches que les pouvoirs publics peuvent adopter pour les atténuer.

***Le premier chapitre*** met l'accent sur les risques liés aux chaînes d'approvisionnement internationales. L'émergence des chaînes de valeur mondiales (CVM), favorisée par la baisse des coûts des communications et des transferts de données ainsi que par la réduction des obstacles à l'investissement étranger et aux échanges observée depuis la décennie 90, a transformé l'économie mondiale. Elle a eu de nombreuses retombées positives en termes de gains de productivité, de baisses de prix et d'augmentation de la diversité des biens disponibles, et elle a permis d'accélérer la convergence des revenus dans de nombreuses économies de marché émergentes. Dans le même temps, la dépendance à l'égard des exportations et des importations s'est accrue à l'échelle mondiale, y compris en ce qui concerne l'énergie et les produits indispensables à la double transition numérique et écologique, mais à des degrés divers selon les pays et secteurs d'activité concernés. Certaines productions se sont fortement concentrées dans des pays et des entreprises spécialisés. Les CVM sont devenues plus longues et plus complexes. Ces caractéristiques se traduisent par des gains d'efficience et facilitent la diversification de l'offre et de la demande. Cela étant, elles peuvent créer des conditions propices à l'apparition de goulets d'étranglement ainsi qu'à la propagation et à l'amplification de chocs microéconomiques. Elles peuvent aussi exacerber les risques géopolitiques, notamment la coercition économique. Les études de l'OCDE montrent que si, dans leur majorité, les exportations et des importations mondiales restent bien diversifiées, on observe une augmentation de la concentration dans des secteurs comme les matières premières et l'agriculture, ce qui accroît l'exposition à d'éventuelles perturbations.

Face à ces risques, de plus en plus de voix s'élèvent pour appeler les pouvoirs publics à réduire la dépendance à l'égard de certains pays, renforcer la sécurité et améliorer la résilience des chaînes d'approvisionnement. Diversifier les approvisionnements, transférer les activités de production sur le sol national ou sur des territoires plus proches géographiquement (autrement dit, procéder à des relocalisations et des délocalisations de proximité) et optimiser la gestion des stocks sont les trois stratégies les plus fréquemment évoquées. Toutefois, certaines de ces politiques risquent de saper les avantages du commerce international. Comme on le verra dans ce premier chapitre, des travaux empiriques, y compris des études menées par l'OCDE, montrent que les chocs transmis par le biais de CVM ont généralement, en moyenne, des effets limités sur les autres secteurs, même s'il y a des exceptions. Une diversification suffisante des liens existant au sein des CVM offre également, en cas de choc, des possibilités de s'approvisionner auprès d'autres sources ou de vendre à d'autres destinations. À l'heure où les responsables de l'action publique envisagent un basculement stratégique face aux vulnérabilités des chaînes d'approvisionnement, il sera fondamental de préserver l'ouverture des marchés et de gérer les interdépendances commerciales pour pouvoir concilier sécurité économique et poursuite de la croissance.

Le premier chapitre s'achève par un coup de projecteur sur deux chaînes d'approvisionnement particulières qui jouent un rôle crucial dans l'économie d'aujourd'hui : les semi-conducteurs (Coup de projecteur 1) et les matières premières critiques (Coup de projecteur 2). Les semi-conducteurs sont indispensables à la croissance et la sécurité de l'économie. Ils sont indispensables dans divers appareils dotés d'électronique, dont les véhicules et l'électroménager, et jouent un rôle de premier plan dans la mise au point de technologies d'avant-garde comme l'intelligence artificielle. Or, leur chaîne de valeur est fortement concentrée, et peu d'économies sont en mesure de contribuer de manière significative à chaque étape de la production de tous les types de semi-conducteurs. Par exemple, plus de 90 % des puces logiques de pointe sont produites par une seule entreprise, TSMC, située au Taipei chinois, et trois entreprises se partagent le contrôle de près de 80 % du marché des logiciels nécessaires à la conception des puces. Les pénuries d'approvisionnement en semi-conducteurs ont provoqué d'importantes perturbations dans les chaînes logistiques, en particulier pendant la pandémie de COVID-19. Pour pouvoir relever ces défis, les pouvoirs publics s'efforcent de mettre en place des écosystèmes nationaux de semi-conducteurs et de réduire la dépendance à l'égard des fournisseurs étrangers ainsi que de diversifier leurs sources d'intrants critiques.

Collaboration, partage d'informations et mise en place de bonnes pratiques à l'échelle internationale sont autant de facteurs indispensables pour renforcer la résilience des CVM de semi-conducteurs. L'OCDE a mis en place le Réseau informel d'échanges sur les semi-conducteurs (SIEN) pour favoriser le dialogue sur les politiques à suivre et la transparence, et pour élaborer des mécanismes d'alerte précoce en cas de perturbation des chaînes de valeur. Plusieurs pays de l'OCDE ont pris des mesures, parmi lesquelles des aides à l'investissement, pour stimuler le développement d'écosystèmes de semi-conducteurs au niveau local. Toutefois, mettre en place de nouvelles installations de fabrication nécessite bien plus que des aides financières aux entreprises : il faut aussi pouvoir disposer d'une main-d'œuvre qualifiée et d'infrastructures critiques. Pour faire face à la pénurie mondiale de talents dans le domaine des semi-conducteurs, il est nécessaire de redoubler d'efforts pour améliorer les formations en sciences, technologie, ingénierie et mathématiques (STIM) et de renforcer les partenariats industrie-universités.

Les matières premières critiques (MPC), auxquelles est consacré le deuxième Coup de projecteur du premier chapitre, vont jouer un rôle de plus en plus incontournable dans la production d'énergie et la sécurité économique, car elles sont des composantes clés de l'énergie verte et des technologies numériques. D'ailleurs, la demande de MPC a déjà fortement augmenté et devrait continuer de progresser. Ces matières premières telles que le lithium, le cobalt, le nickel, le gallium, le titane ou encore le tungstène sont présentes dans un large éventail de biens, parmi lesquels les batteries et les semi-conducteurs. La demande en ressources minérales de cette catégorie a augmenté très sensiblement ces dernières années, portée par la demande de véhicules électriques, panneaux solaires et autres applications des technologies propres. À l'heure où les pays s'efforcent d'abandonner progressivement les combustibles fossiles et d'accélérer la décarbonation, la demande de minéraux critiques nécessaires aux technologies vertes est appelée à atteindre des sommets. Or, la production de MPC est concentrée dans quelques zones géographiques. Cette concentration est une source de risques pour les chaînes d'approvisionnement et incite les grands pays producteurs à imposer des restrictions à l'export pour soutenir leurs industries nationales en aval. Ces restrictions ont d'ailleurs considérablement augmenté au cours des 15 dernières années.

Les études de cas montrent que si les restrictions à l'exportation peuvent quelquefois favoriser les industries nationales, cette évolution se fait au détriment des partenaires commerciaux et peut aboutir à renforcer une domination étrangère. La forte volatilité des prix des MPC, qui peut être encore accentuée par des restrictions commerciales, nuit aux décisions d'investissement dans l'ensemble de la chaîne d'approvisionnement. Une coopération internationale est donc nécessaire pour diversifier les sources de MPC et garantir la stabilité des approvisionnements tout en favorisant le développement économique des pays richement dotés en ressources. Concilier approvisionnement responsable et sécurité des approvisionnements nécessite une gestion soigneuse pour éviter les perturbations. Un exercice efficace du devoir de diligence dans les chaînes d'approvisionnement est indispensable pour identifier et atténuer les risques, notamment dans les zones touchées par des conflits. Bien que des initiatives aient déjà été prises pour améliorer la traçabilité et la transparence, des difficultés persistent en raison du manque de fiabilité de certaines données et des tensions géopolitiques en cours.

***Le deuxième chapitre*** est consacré à la sécurité énergétique, qui est une préoccupation de longue date, mais sur laquelle pèsent aujourd'hui de nouveaux enjeux. La sécurité énergétique s'inscrit dans la notion plus large de sécurité nationale et recouvre des aspects techniques, économiques et politiques. Elle a souvent à voir avec les risques à court terme (par exemple l'exposition à d'éventuelles perturbations des systèmes énergétiques) et la résilience (par exemple la capacité à faire face à des perturbations) en ce qu'ils touchent à la fourniture, à la transformation et au transport de l'énergie ainsi qu'aux services de fourniture des principales sources d'énergie aux consommateurs finaux. Elle concerne également l'accessibilité financière de l'énergie.

Les débats autour de la sécurité énergétique se sont multipliés dans le contexte de la transition écologique, mettant en lumière l'impératif qui consiste à assurer des approvisionnements énergétiques stables et durables dans un paysage environnemental en évolution rapide. Les sources d'énergie renouvelables ouvrent des possibilités de réduire la dépendance à l'égard des combustibles fossiles. Toutefois, elles soulèvent également de nouveaux défis comme la dépendance à l'égard des matières premières critiques déjà citées et des innovations technologiques requises pour assurer la stabilité des approvisionnements en énergie.

Pour garantir la sécurité énergétique durant phase de transition au cours de laquelle il faudra pouvoir disposer à la fois d'énergies propres et de combustibles fossiles, les pays vont devoir accroître leurs investissements dans les énergies bas carbone en abandonnant progressivement les combustibles fossiles. Des mesures en faveur de l'efficacité énergétique seront alors indispensables pour éviter les décalages entre l'offre et la demande. En particulier, il faudra prendre des mesures pour encourager la rénovation des bâtiments de façon à réduire la consommation d'énergie. Pour éviter les perturbations, il sera également nécessaire d'entretenir et de revenir à certaines infrastructures critiques utilisant des combustibles fossiles, par exemple de faire appel à des centrales au gaz pour répondre aux pointes de demande d'électricité, et de consolider les systèmes électriques en favorisant la flexibilité des réseaux grâce à des solutions comme le stockage par batteries et la réponse à la demande. Il faudra absolument abaisser les coûts en capital très élevés dans les économies de marché émergentes et en développement de façon à pouvoir alléger le coût de la transition. Dans le même temps, il faut favoriser la diversification et l'investissement dans les énergies renouvelables, l'hydrogène et le captage du carbone pour faire face aux risques spécifiques auxquels sont confrontées les économies exportatrices de combustibles fossiles. Enfin, il sera essentiel de remédier aux distorsions du marché (en particulier les subventions aux combustibles fossiles) et de corriger les défaillances du marché pour mobiliser l'investissement privé en faveur d'une transition écologique efficace.

Le **troisième chapitre** met en lumière les évolutions récemment observées dans la gestion de la sécurité des investissements internationaux. Du fait des risques géopolitiques et des préoccupations relatives à la sécurité des approvisionnements et services dits « essentiels », une attention accrue est portée aux investissements étrangers dans les secteurs considérés comme critiques. Dans ce contexte, de nombreux pays ont mis en place des mécanismes d'examen des investissements, ou actualisé ceux qui existaient, pour en élargir le champ d'application aux technologies émergentes et aux informations sensibles. La sécurité des investissements a, sans doute, été l'un des tout premiers aspects des tentatives déployées par les pouvoirs publics des différents pays pour améliorer la sécurité économique, et elle s'inscrit dans le droit fil des efforts mis récemment en œuvre pour aborder d'autres dimensions du risque. À cet égard, les outils conçus à propos de l'investissement peuvent servir de source d'inspiration et apporter des éclairages sur la définition d'initiatives en faveur de la sécurité économique dans d'autres domaines.

Enfin, le **quatrième et dernier chapitre** est consacré au rôle de la cybersécurité dans la promotion de la prospérité économique et sociale. L'accélération de la transformation numérique des économies entraîne une dépendance croissante à l'égard des services et infrastructures de connectivité, de même qu'une vulnérabilité de plus en plus grande aux cybermenaces et à la cybercriminalité.

La cybersécurité est indispensable à la protection des activités et informations critiques, notamment s'agissant de l'énergie, des systèmes financiers, de la propriété intellectuelle et des données sensibles. Toute atteinte à la sécurité numérique, particulièrement à l'aide de rançongiciels, peut avoir des répercussions économiques graves, entraînant des pertes financières et des interruptions de la prestation de services, notamment de ceux qui sont fournis par des institutions publiques. Elle peut également ternir la réputation des parties prenantes concernées. Tout ceci peut avoir de profondes répercussions sur la confiance dans la gouvernance publique, les systèmes financiers et les systèmes de santé et, plus largement, dans les processus démocratiques. Les économies étant de plus en plus interconnectées et tributaires des technologies numériques et de leurs infrastructures sous-jacentes, il est fondamental d'investir dans des mesures de sécurité numérique robustes, et de les mettre en œuvre, de façon à préserver la stabilité économique, à favoriser l'innovation et à renforcer la confiance des particuliers comme des entreprises.

Le Cadre d'action de l'OCDE sur la sécurité numérique, présenté plus précisément dans le dernier chapitre, décrit dans leurs grandes lignes certaines stratégies clés permettant d'aborder les dimensions économiques et sociales de la cybersécurité, et contient notamment des principes à haut niveau ainsi que des recommandations stratégiques et techniques plus détaillées. Il s'agit notamment d'instaurer une culture de la sécurité numérique pour faire face à certains des risques associés à la transformation numérique, tout en tirant parti des avantages qu'elle recèle en matière de sécurité. Ce cadre encourage l'adoption de stratégies nationales associant l'ensemble des parties prenantes (pouvoirs publics, entreprises et particuliers) afin d'accroître la sensibilisation aux cybermenaces, de renforcer les capacités de réaction en cas d'incident et de promouvoir l'élaboration de normes de gestion des risques, les pratiques de développement professionnel de la main-d'œuvre et la coopération internationale.

Les pouvoirs publics ont la possibilité de favoriser un environnement propice à l'adoption, par toutes les parties prenantes, de pratiques exemplaires en matière de sécurité numérique. Il s'agit notamment de promouvoir une approche globale et coordonnée de la sécurité numérique (c'est-à-dire couvrant l'intégralité du cycle de vie des produits et des services), d'inciter les opérateurs de réseau à adopter des cadres exhaustifs de gestion des risques et d'encourager les fournisseurs à diversifier les chaînes d'approvisionnement et à en accroître la transparence (par exemple au moyen d'une plus grande traçabilité des composants et d'une certification de la sécurité numérique).

# 1. Sécurité économique et vulnérabilités des chaînes d'approvisionnement internationales

Przemysław Kowalski et Andrea Andrenelli[1]

## Introduction

Il est toujours largement admis que les chaînes d'approvisionnement internationales s'accompagnent de gains d'efficience économique. En revanche, une autre question fait débat : celle de savoir si la fragmentation accrue de la production au sein des chaînes d'approvisionnement a contribué à propager et à amplifier les chocs économiques négatifs récemment observés (comme la pandémie de COVID-19 ou l'invasion de l'Ukraine par la Russie), ou bien si elle a aidé à en atténuer l'impact en jouant un rôle d'amortisseur. Dans ce contexte, l'aggravation des tensions géopolitiques, le surcroît d'intervention des pouvoirs publics dans l'économie et l'intensification de la concurrence internationale pour les ressources naturelles sont autant de facteurs qui ont conduit le grand public et les décideurs à s'intéresser de plus près aux conséquences potentiellement négatives des interdépendances commerciales.

Le sentiment que ces interdépendances puissent être exploitées politiquement ou instrumentalisées à des fins belliqueuses fait ressortir l'intérêt qu'il y a à pouvoir identifier les domaines de vulnérabilité. Ces « dépendances commerciales » potentielles peuvent être définies au sens large comme des liens commerciaux susceptibles de causer d'importants dommages économiques ou sociétaux en cas de perturbations inattendues, et de pouvoir être utilisés comme des instruments de coercition, compromettant la sécurité nationale et désorganisant des activités stratégiques.

Après avoir examiné l'influence des interdépendances des chaînes d'approvisionnement sur l'efficience de la production et la transmission et la gestion des chocs dans l'économie mondiale, on évoquera dans la suite du présent chapitre les risques pour la sécurité économique spécifiques aux échanges et aux chaînes d'approvisionnement. Les principales difficultés rencontrées plus largement pour mesurer les dépendances commerciales seront ensuite examinées, suivies de la présentation d'une sélection de résultats d'analyses récemment effectuées par l'OCDE pour tenter de quantifier certains éléments de l'évolution historique et de l'importance économique des dépendances commerciales à l'aide de différentes données et méthodologies empiriques.

## Efficience et interdépendance des chaînes d'approvisionnement internationales

L'émergence des chaînes d'approvisionnement internationales a été porteuse de nombreuses transformations. La baisse des coûts de la communication et du transfert de données sur longue distance, qui s'est accélérée au début des années 90, a créé de nouveaux débouchés commerciaux et stimulé la productivité grâce à une spécialisation plus fine au niveau des tâches ou des intrants (Baldwin, 2011[1]). Les chaînes d'approvisionnement ont également ouvert de nouvelles perspectives de croissance et de création d'emplois dans les pays les moins développés en leur permettant de participer au commerce et à la production de produits de pointe par la fourniture d'intrants spécialisés. L'organisation de la production au sein des chaînes d'approvisionnement a également eu pour effet d'accroître l'interdépendance entre différents sites et diverses économies nationales. Il est aujourd'hui courant que les multiples étapes du processus de production d'un bien ou d'un service (par exemple conception, production, commercialisation, fabrication, assemblage ou distribution) soient menées en parallèle ou de manière séquentielle en plusieurs lieux géographiques. Les entreprises multinationales à but lucratif jouent le rôle principal dans la gestion de ces activités, et ce sont elles qui prennent des décisions stratégiques quant à l'emplacement et à la coordination de diverses activités spécialisées. Les liens d'interdépendance qui sous-tendent ces activités font donc partie intégrante des caractéristiques des chaînes d'approvisionnement internationales et sont l'une des principales sources de leur efficience économique.

Cela étant, ces interdépendances peuvent aussi avoir des conséquences importantes — même si elles ne sont pas toujours directes — sur la manière dont les économies nationales peuvent être affectées par des chocs ou événements extérieurs inattendus, et sur la réaction qui peut être la leur, ainsi que sur les répercussions que les politiques menées par d'autres pays peuvent avoir sur elles.

- D'un côté, une bonne diversification des activités au sein des chaînes d'approvisionnement peut favoriser la résilience à des chocs tant externes qu'internes parce qu'elle offre la possibilité de s'appuyer sur des ensembles plus variés de partenaires commerciaux et de marchés et donc, d'élargir l'éventail des solutions permettant de faire face à des perturbations et de les surmonter. Par exemple, face à certaines perturbations, il pourrait être plus facile de changer de fournisseur, ou bien de reconfigurer ou de relocaliser un seul segment d'une chaîne d'approvisionnement, plutôt que de restructurer l'ensemble d'un secteur. En ce sens, les chaînes de valeur mondiales (CVM) ont également ouvert de nouvelles possibilités de diversification et de renforcement de la résilience (voir par exemple Lafrogne-Joussier (2021[2]), Arriola et al. (2020[3])).
- D'autre part, du fait de leur plus grande dépendance par rapport aux intrants étrangers et à la demande étrangère, des économies nationales liées entre elles au sein de chaînes d'approvisionnement internationales peuvent être plus exposées à des chocs externes. Cette exposition peut quelquefois être difficile à évaluer à l'avance, dans la mesure où l'enchevêtrement des mouvements transfrontières d'intrants physiques et incorporels au sein des chaînes d'approvisionnement peut aboutir à tisser des liens complexes entre différents stades de production. Ces liens pluridimensionnels et multi-niveaux, s'ils ne sont pas toujours complètement transparents ou faciles à suivre directement par les entreprises à la pointe, peuvent néanmoins être sensibles à des modifications, même modestes, de la réglementation et des coûts des échanges, du transport ou de la communication. Dans la mesure où ils impliquent des échanges d'intrants spécialisés par nature différenciés, ils peuvent aussi s'accompagner d'importants effets de verrouillage pour les acheteurs et les vendeurs et, par conséquent, limiter la possibilité de s'adresser à un autre interlocuteur (Antras et Staiger, 2012[4]). En outre, ils concernent souvent de multiples pays caractérisés par des niveaux de développement, des institutions et des systèmes politiques différents, ce qui peut rendre plus difficiles la maîtrise des chocs et la coordination des réponses.

L'émergence des chaînes d'approvisionnement internationales a également modifié la nature des échanges et de l'élaboration des politiques commerciales. Par rapport à la période ayant précédé l'apparition des chaînes d'approvisionnement, les politiques commerciales sont moins axées sur la négociation de l'accès des produits finaux à des marchés étrangers (abaissement des obstacles à l'accès aux marchés étrangers) et davantage sur l'accès à des intrants de haute qualité compétitifs et sur la réduction de différents types de coûts commerciaux, de façon à garantir la fluidité d'échanges multidirectionnels de produits et de services intermédiaires (abaissement des coûts propres et des coûts du commerce extérieur) (Baldwin, 2011[1]). De fait, les décisions relatives à la localisation géographique de segments spécifiques de la chaîne d'approvisionnement sont très sensibles, non seulement aux coûts des échanges internationaux, mais aussi à divers coûts à l'échelle nationale qui dépendent de la réglementation (autorisations par exemple), de l'environnement des affaires (fiscalité par exemple) et de la qualité des infrastructures (disponibilité et coût de l'énergie, présence de ports, réseau routier et connectivité, par exemple). De ce point de vue, la fragmentation des chaînes d'approvisionnement a eu pour effet d'élargir l'éventail des éléments qui ressortent en principe de l'intervention des pouvoirs publics au niveau national, mais qui ont néanmoins d'importantes retombées internationales (voir également Staiger (2022[5])).

Les liens existant au sein des chaînes d'approvisionnement se caractérisent rarement par une concurrence parfaite. Compte tenu des différences existant entre les pouvoirs de marché et de négociation des divers acteurs d'une chaîne d'approvisionnement, et de la répartition souvent inégale des gains tirés de la participation à une chaîne d'approvisionnement entre ses différents segments, les responsables de l'action publique se sont efforcés d'améliorer la situation de leurs entreprises nationales et de créer les conditions permettant d'attirer dans leur pays les segments les plus lucratifs, en particulier par le levier de la politique industrielle. Ainsi, les pouvoirs publics ont tenté de réduire les coûts des intrants en amont et d'accroître la rentabilité de leurs entreprises nationales au moyen d'autres formes de soutien public. De telles mesures ont comme double objectif d'attirer l'investissement national et étranger dans des activités en aval de prédilection et d'étendre l'influence d'un pays dans des segments spécifiques d'une chaîne d'approvisionnement, en amont et en aval, de façon à pouvoir accéder à des capitaux et technologies de qualité supérieure ou se positionner sur un créneau stratégique ou privilégié du point de vue économique. Bien qu'elle ne soit pas toujours définie avec précision[2], la progression ou la montée en gamme dans les chaînes de valeur a souvent été citée parmi les objectifs explicites de l'action publique dans les années 2010, en particulier dans les économies émergentes et en développement. Le débat au niveau des pouvoirs publics a ensuite porté sur les moyens d'optimiser les avantages tirés de la participation aux chaînes d'approvisionnement.

## Chaînes d'approvisionnement et sécurité économique

Le sentiment d'une aggravation des incertitudes géopolitiques, économiques et touchant à la sphère de l'action publique est l'un des facteurs ayant contribué à attirer l'attention sur les possibles aspects négatifs des interconnexions et de la propagation des chocs au sein des chaînes d'approvisionnement internationales. Si la mesure de ces phénomènes se révèle complexe et si les résultats ne sont pas toujours faciles à interpréter, plusieurs études et initiatives de mesure récentes ont, de fait, permis de rassembler des éléments probants témoignant d'une hausse des incertitudes. La méthodologie élaborée à l'origine par Baker, Bloom et Davis (2016[6]) a montré que les incertitudes relatives à la politique économique à l'échelle mondiale avaient augmenté de manière sensible dans le sillage des attentats du 11 septembre 2001, pendant et après la crise financière mondiale de 2008-09, pendant la pandémie de COVID-19 et depuis l'invasion à grande échelle de l'Ukraine par la Russie en 2022. Selon cet indice, au cours des quatre dernières années, les incertitudes autour de l'action publique ont été en moyenne plus fortes que pendant toute autre période antérieure depuis la fin de la décennie 90. Caldara et Iacoviello (2022[7]) ont mesuré la perception du risque lié aux guerres, au terrorisme et aux tensions entre les États et les acteurs politiques, et font eux aussi apparaître une augmentation du risque géopolitique après les attentats d 11 septembre en 2001 puis une nouvelle hausse significative dans le sillage de l'invasion à grande échelle de l'Ukraine par la Russie en février 2022[3].

Ce nouvel environnement oblige à réévaluer les hypothèses sur lesquelles repose la politique économique et à envisager de nouveaux arbitrages. Les responsables de l'action publique évoluent désormais dans un paysage marqué par : la montée des tensions géopolitiques ; des préoccupations croissantes concernant la sécurité nationale, notamment en lien avec les technologies numériques ; une concurrence stratégique et la recherche d'une position de tête dans les nouvelles technologies, notamment dans la perspective de la double transition écologique et numérique ; dans cette même optique, une réévaluation du rôle des chaînes d'approvisionnement mondiales pour garantir l'accès à des biens et services essentiels ; et une instrumentalisation des interdépendances commerciales à des fins de coercition économique. Ces forces entrent en jeu à un moment où la crise financière mondiale et la pandémie de COVID-19 avaient déjà poussé les pouvoirs publics de plusieurs pays à intervenir plus largement dans l'économie, et où le débat s'intensifie sur la manière dont le « code de la route » (y compris les règles de l'OMC) d'une économie mondiale intégrée peut fonctionner le plus efficacement possible dans des pays dotés de systèmes économiques très différents.

Dans ce contexte, la notion de « sécurité économique » fait de plus en plus florès auprès des responsables de l'action publique. Si la sécurité économique recouvre un éventail de questions qui dépassent le cercle des responsables des politiques en matière d'échanges et d'investissement, il s'agit d'une notion qui mobilise fortement les artisans de la politique commerciale, car les liens économiques internationaux sont à la fois un facteur de sécurité économique (au sens où ils permettent par exemple une diversification de l'offre et de la demande) et une source de risque pour cette même sécurité.

La sécurité des approvisionnements en biens et services essentiels constitue un volet essentiel du débat sur la sécurité économique. Cette question fait partie d'un programme plus vaste consistant à garantir la résilience des chaînes d'approvisionnement mondiales, ce qui suppose de comprendre la nature et l'ampleur de leurs vulnérabilités (notamment en lien avec la concentration). En effet, ces vulnérabilités peuvent être exploitées par des tiers pour interrompre l'approvisionnement en biens et services essentiels, et peuvent également être utilisées pour contraindre des parties vulnérables à modifier leurs politiques[4]. Au-delà des biens et services essentiels, certaines dépendances vis-à-vis de pays particuliers peuvent se transformer en vulnérabilités en cas de tensions géopolitiques, ou bien lorsque des pays ou des régions se retrouvent sous la menace d'un risque de conflit.

Cette évolution du paysage a suscité des réflexions sur les réponses que les pouvoirs publics pourraient apporter aux préoccupations relatives à la sécurité économique. Si le débat sur les meilleures réponses à apporter par les pouvoirs publics se poursuit, la diversification de l'offre semble être considérée comme l'une des mesures les plus efficaces pour réduire les risques liés à l'environnement géopolitique. La coopération entre partenaires de confiance est importante, et peut contribuer à réduire les risques. On peut y voir un moyen à la fois de faire en sorte que les échanges procurent des avantages mutuels à des partenaires de confiance, et de réduire le risque de perturbation des approvisionnements en provenance de partenaires perçus comme moins fiables. Dans le cadre d'un débat plus large sur les moyens de garantir la résilience, diverses autres approches ont été proposées, allant d'une plus grande transparence concernant les chaînes d'approvisionnement à des aides à l'identification et à la gestion des risques, y compris par le biais d'un dialogue public-privé, en passant par des efforts de diversification de l'offre entre les entreprises et les pays ou encore la création de capacités de production nationales.

Certaines technologies ou certains produits sont également considérés comme revêtant une importance stratégique, ce qui constitue un argument supplémentaire en faveur de la coopération entre des partenaires de confiance de façon à assurer la résilience de la production et du commerce de ces produits sensibles. Il peut s'agir de garantir l'approvisionnement en intrants essentiels, par exemple en matières premières critiques, en s'attaquant aux restrictions à l'exportation ou en concluant des accords d'approvisionnement avec des partenaires de confiance (voir le Coup de projecteur 2). Dans d'autres cas, cela pourrait consister à prêter une attention accrue aux sources et à l'éventail des fournisseurs de produits n'étant pas considérés eux-mêmes comme sensibles, mais qui peuvent représenter des intrants essentiels pour des infrastructures critiques.

Se pose également la question de savoir si certains produits et services seraient si importants ou sensibles technologiquement, stratégiquement ou en raison de leurs applications militaires, que les pays voudraient s'en assurer l'approvisionnement en les produisant chez eux. Si une telle option n'est pas réaliste pour tous les pays, voire pour beaucoup d'entre eux, en fonction du bien ou du service concerné, elle peut, dans les cas où elle serait possible, poser des problèmes du point de l'intégration des marchés mondiaux. Par exemple, le renforcement des capacités de production nationales (notamment s'il concerne une décision que les entreprises n'auraient pas prise elles-mêmes pour des raisons commerciales) peut nécessiter un soutien public, soulevant ainsi des questions quant à son impact sur d'autres pays (notamment du point de vue de la capacité à attirer des investissements qui se seraient autrement reportés ailleurs) ainsi que sur la concurrence sur les marchés mondiaux.

Dans ce contexte élargi, les responsables de l'action publique doivent prendre des décisions difficiles, qui nécessitent des données et des analyses nouvelles (portant par exemple sur les dépendances et vulnérabilités commerciales). Compte tenu du nombre croissant de décisions de ce type qui devront être prises, il reste très important que l'élaboration des politiques publiques puisse être fondée sur des données probantes.

## Les enjeux de la mesure de la dépendance commerciale

Malgré l'intérêt croissant porté à l'identification des vulnérabilités commerciales, il est difficile de définir des critères analytiques objectifs qui permettraient d'établir une distinction claire entre les liens commerciaux susceptibles de susciter des préoccupations et ceux qui sont bénéfiques. Cette difficulté tient en partie au fait que les craintes qui sous-tendent le débat sur les dépenses commerciales sont souvent de nature non économique, et que ce qui va être considéré comme préoccupant, par exemple du point de la protection de l'environnement, de la durabilité sociale ou de la sécurité nationale, peut être spécifique à un pays donné. Par conséquent, le rôle que l'analyse économique pourrait jouer pour répondre à ces préoccupations n'apparaît pas avec une évidence immédiate.

En revanche, d'un point de vue économique, on peut s'inquiéter de que les mesures prises pour minimiser les risques liés aux échanges n'en viennent à compromettre inutilement les avantages économiques des échanges internationaux, ou n'aient des conséquences économiques et non économiques indésirables ou involontaires. L'analyse économique peut être ainsi servir à dresser un tableau plus complet des caractéristiques économiques des liens commerciaux pouvant être considérés comme des liens de dépendance. Elle pourrait également aider à évaluer les coûts et les avantages économiques associés aux différentes options s'offrant aux pouvoirs publics pour s'attaquer à la dépendance commerciale.

Selon les derniers articles parus dans la littérature économique, les dépendances commerciales pourraient être utilement définies comme des flux commerciaux combinant trois caractéristiques : risque de perturbation élevé, importance économique (ou autre) forte et possibilité limitée de diversification et de substitution (Graphique 1.1). Dans une analyse récente visant à apporter un éclairage empirique sur la question de la dépendance commerciale, l'OCDE a étudié différentes sources de données ainsi que divers cadres de modélisation parmi les principaux disponibles afin d'identifier les flux commerciaux qui semblent répondre à ces critères, et d'en examiner les caractéristiques et l'évolution (Arriola et al., 2024[8]).

Graphique 1.1. Critères d'identification des dépendances commerciales critiques

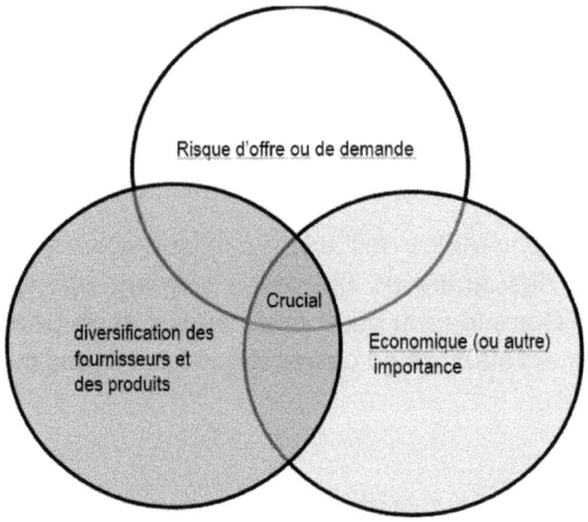


Source : Arriola et al. (2024[8]), « Towards demystifying trade dependencies: At what point do trade linkages become a concern? », *OECD Trade Policy Papers*, n° 280, Éditions OCDE, Paris.

## Quelles informations sur les dépendances commerciales peut-on retirer des données sur les échanges au niveau des produits ?

Plusieurs mesures de la dépendance commerciale s'appuient sur la notion de concentration des échanges, c'est-à-dire la dépendance par rapport à un nombre réduit de fournisseurs pour les importations de produits donnés, ou par rapport à un nombre réduit de marchés pour leurs exportations. Si les exportations ou importations d'un produit par un pays ne sont le fait que d'un petit nombre de partenaires (c'est-à-dire sont très concentrées), ce pays pourrait avoir du mal à trouver d'autres fournisseurs ou débouchés en cas de perturbations de l'offre ou de la demande étrangères[5]. L'évolution des données sur les échanges mondiaux à un niveau détaillé de produits sur la période 1997-2021 a été étudiée sous l'angle des parts dans les échanges et de la concentration des échanges[6]. La concentration des échanges est importante pour la sécurité économique, comme on le voit par exemple dans Schwellnus et al. (2023[9]) : les auteurs, s'appuyant sur des données économétriques, ont montré, dans le contexte de la pandémie de COVID-19, que les perturbations des approvisionnements étrangers avaient des effets négatifs plus importants dans les secteurs caractérisés par une forte concentration sectorielle et géographique des fournisseurs. Si les mesures (ou ensembles de mesures) et les seuils quantitatifs spécifiques utilisés pour délimiter ce qui constitue un degré normal de concentration des échanges par rapport à un niveau préoccupant varient souvent d'une étude à l'autre, l'approche fondée sur la concentration des échanges a été fréquemment utilisée dans la littérature récente (Bonneau et Nakaa, 2020[10] ; Commission européenne, 2022[11] ; Vicard et Wibaux, 2023[12] ; Berthou, Haramboure et Samek, 2024[13]) pour quantifier la dépendance ou la vulnérabilité commerciale.

La concentration des importations de certains produits a augmenté en moyenne entre partenaires commerciaux entre 2008-2010, c'est- à-dire au moment de la crise financière mondiale, et 2014-2016, c'est-à-dire durant la période précédant le premier épisode de tensions commerciales entre les États-Unis et la Chine (Graphique 1.2, partie A). Cette évolution reflète probablement en partie la spécialisation plus fine des chaînes d'approvisionnement qui a augmenté pendant cette période. Elle est également cohérente avec la perception d'une augmentation des vulnérabilités à des chocs inattendus transmis vie les échanges et les chaînes d'approvisionnement internationaux. De plus, au niveau mondial, les exportations de produits sont en moyenne plus concentrées que les importations, tandis qu'au niveau national, les importations de produits sont plus concentrées que les exportations, ce qui pourrait expliquer l'importance prise dans le débat public par les dépendances aux approvisionnements ou aux importations.

Cependant, les données montrent aussi que les niveaux actuels de la concentration commerciale des exportations et importations mondiales ne sont globalement pas alarmants, et que des proportions importantes, sinon majoritaires, des échanges sont relativement bien diversifiées. Par exemple, s'agissant des exportations mondiales de produits, qui sont en moyenne plus concentrées dans les pays exportateurs que les importations mondiales ne le sont dans les pays importateurs, les niveaux de concentration ne sont élevés que pour environ 30 % des produits, les autres exportations restant relativement bien diversifiées. Cela semble indiquer que de larges parts des marchés internationaux se caractérisent par un degré raisonnable de concurrence, et que le contrôle exercé sur les approvisionnements totaux ou sur les prix par certains exportateurs et importateurs spécifiques reste limité.

Cela ne signifie pas que les niveaux de concentration observés pour certains produits dans certains pays ne soient pas préoccupants, mais plutôt que, pour de nombreux produits, les marchés internationaux offrent en réalité des possibilités de diversification satisfaisantes. Au nombre des produits dont les niveaux de *concentration des exportations mondiales* sont parmi les plus élevés, on peut citer entre autres toute une série de matières premières industrielles (étain, plomb, cuivre et bois par exemple, voir également le Coup de projecteur 2 sur les matières premières critiques) et un large éventail de produits de l'industrie manufacturière légère (comme les textiles, chaussures ou couvre-chefs) et de produits des industries agroalimentaires (fibres, café, thé et produits de la pêche). Les produits présentant des niveaux de *diversification des exportations mondiales* parmi les plus élevés sont notamment issus de secteurs manufacturiers avancés (par exemple aluminium, produits sidérurgiques et acier, métaux de base et fabrication de machines), malgré le sentiment répandu de leur vulnérabilité.

Globalement, les schémas inégaux — et parfois contre-intuitifs — de la concentration des exportations mondiales parmi les produits mettent en lumière la multiplicité des facteurs qui déterminent la concentration des échanges au sein des chaînes d'approvisionnement internationales. Parmi ces facteurs, on peut citer l'existence de ressources naturelles, le profil des avantages comparatifs ou encore les économies d'échelle, mais aussi les politiques commerciales et industrielles qui ont une influence sur les coûts relatifs de la production selon l'emplacement.

Il est intéressant de noter que la *concentration des échanges nationaux* est souvent plus forte que la *concentration des échanges mondiaux,* ce qui signifie que les pays s'approvisionnent généralement en importations auprès de partenaires moins nombreux que ce qui est en principe possible au niveau mondial - et cela vaut également pour les exportations. Cette situation est probablement le reflet d'une combinaison de facteurs naturels, comme le rôle de la géographie et des coûts des échanges, particulièrement dans le contexte des chaînes d'approvisionnement internationales qui sont souvent régionalement concentrées, mais aussi les préférences des pays et les politiques qu'ils mettent en œuvre. Ces derniers facteurs ont été mis en évidence, par exemple, par l'augmentation du nombre d'accords commerciaux préférentiels et régionaux qui, par nature, tendent à réduire les coûts des échanges avec des partenaires commerciaux choisis et à leur conférer d'autres avantages, contribuant ainsi à la concentration des échanges. Les politiques économiques stratégiques des importateurs et des exportateurs pourraient aussi avoir joué un rôle à cet égard.

Pour ce qui est des exportations, la hausse globale de la concentration des importations nationales d'autres pays a coïncidé avec l'augmentation de la part de la Chine en tant que source d'importations (Graphique 1.2, partie B).

### Graphique 1.2. Concentration des exportations et des importations de marchandises au niveau des pays

A. Concentration moyenne, au niveau des pays, des exportations et des importations de l'ensemble des produits au niveau SH6

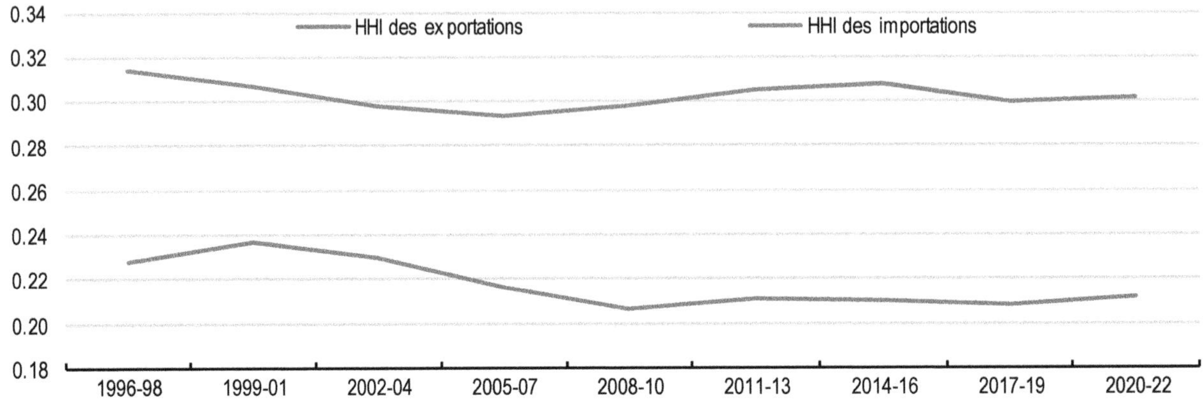


B. Contributions de la Chine et d'autres pays à la concentration moyenne des importations au niveau des pays

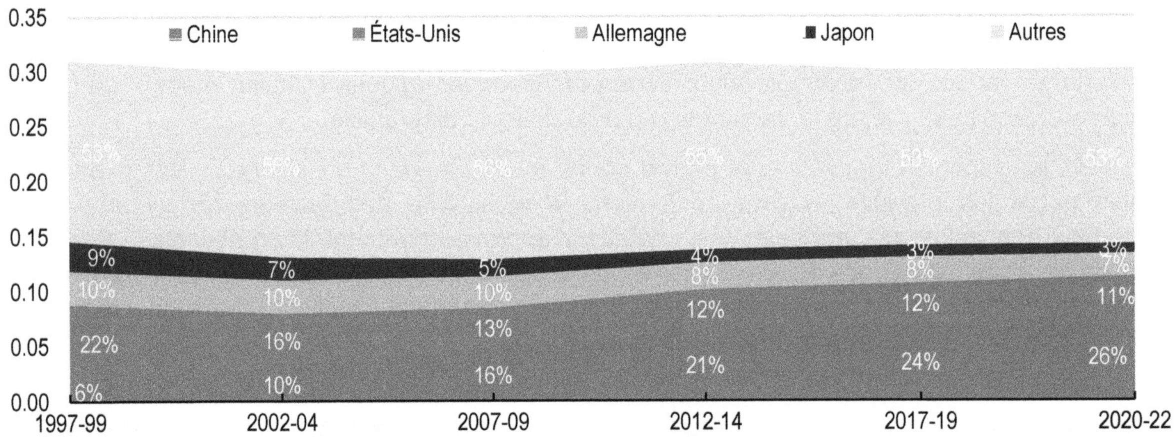


Note : Dans la partie A, la concentration moyenne, au niveau des pays, des exportations et des importations est obtenue en calculant, d'abord, pour chaque produit au niveau SH6 et, s'agissant des exportations (importations), pour chaque pays exportateur (importateur), un indice de concentration Herfindahl-Hirschmann (indice HHI) concernant tous les importateurs (exportateurs) de produits en provenance (à destination) de ce pays, et ensuite en calculant une moyenne pondérée pour toutes les listes de produits concernées, les pondérations étant égales à la valeur des exportations (importations) du produit considéré dans tous les pays partenaires. Les mentions « 1996-98 », « 2002-04 », etc. correspondent respectivement à la moyenne des trois années 1996, 1997 et 1998 ; 2002, 2003 et 2004 ; etc. La partie B présente une ventilation par exportateurs des valeurs de l'indice HHI mentionné ci-dessus pour les importations de l'ensemble des produits. Pour plus d'informations sur la méthodologie employée, voir Arriola et al. (2024[8]).
Source : Calculs de l'OCDE fondés sur des données de la BACI (Base pour l'analyse du commerce international).

En définissant la *concentration significative des importations* comme la mesure dans laquelle les pays font appel à des fournisseurs beaucoup moins nombreux (concentration des importations nationales) que ceux qu'ils pourraient trouver sur les marchés mondiaux (concentration des exportations mondiales), on voit que l'incidence globale d'une telle concentration significative des importations nationales a augmenté pendant la période étudiée. Cette évolution est principalement imputable aux économies non membres de l'OCDE, la concentration des importations étant restée en moyenne relativement stable dans les pays de l'OCDE (Graphique 1.3, partie A). Cela donne à penser que dans une certaine mesure, les entreprises et les consommateurs des pays de l'OCDE ont pu tirer parti des possibilités offertes par les marchés internationaux pour se diversifier et réduire leur dépendance.

Graphique 1.3. Incidence moyenne d'une concentration significative des importations par groupe de pays

A. Nombre moyen de produits SH6 importés faisant l'objet d'une concentration significative des importations par pays

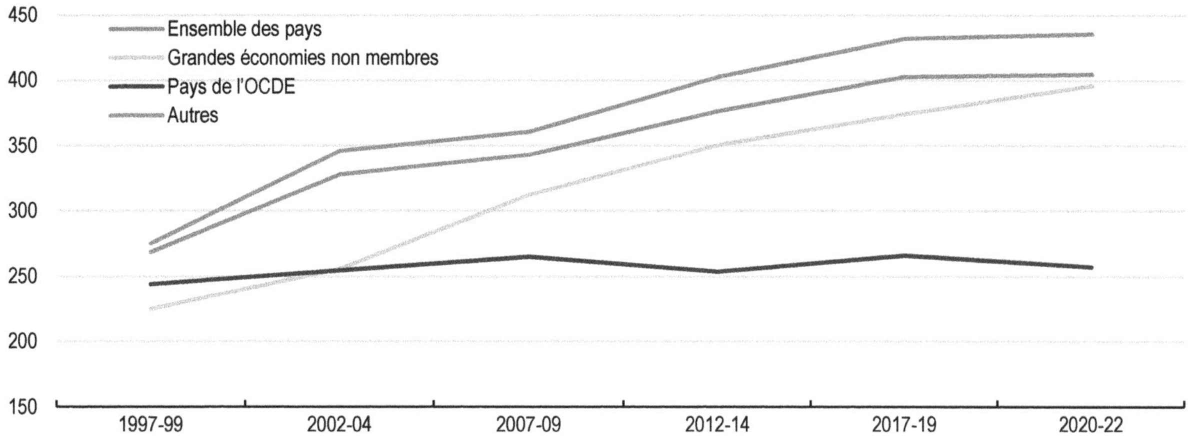


B. Nombre de produits SH6 importés faisant l'objet d'une concentration significative des importations (moyenne pour 2017-19 et 2020-22)

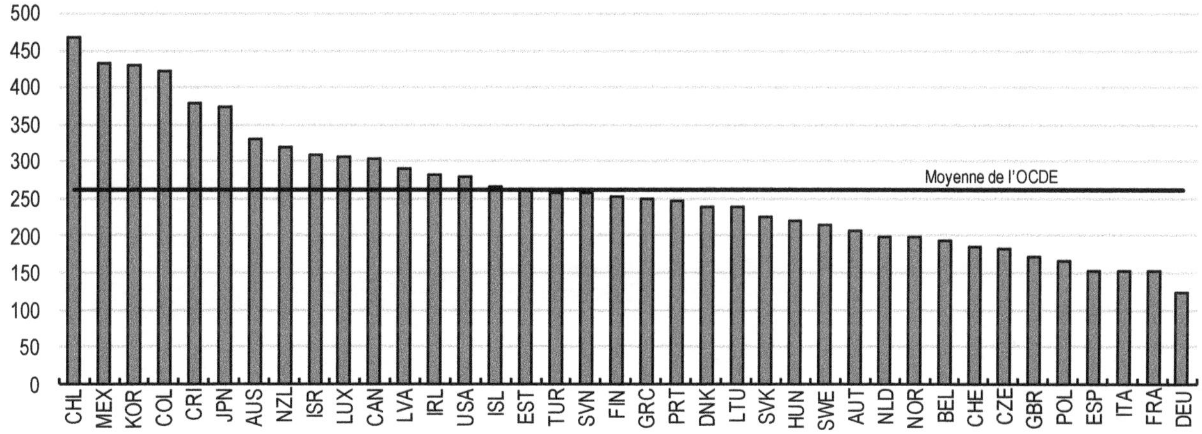


Note : En présence de liens d'importations bilatéraux au niveau des produits, une concentration significative des importations est définie comme une situation dans laquelle la valeur de l'indice HHI applicable aux importations au niveau du pays est plus de deux fois supérieure à la valeur de l'indice HHI correspondant applicable aux exportations mondiales. Pour réduire encore l'éventail des cas de concentration significative, une valeur-seuil supplémentaire de l'indice HHI calculée pour les exportations mondiales au niveau des produits a été fixée à 0.2 minimum. En d'autres termes, seuls les produits pour lesquels l'indice HHI des exportations mondiales atteint au moins 0.2 et les produits pour lesquels l'es importations au niveau des pays est d'au moins 0.4 ont été pris en compte. L'agrégat « autres » comprend tous les pays non membres de l'OCDE autres que les grandes économies non membres pour lesquels des données sont disponibles dans la base de données de la Base pour l'analyse du commerce international (BACI). Ce choix a été fait aux fins de l'analyse uniquement et ne préjuge en rien des relations entre l'OCDE ou l'un quelconque de ses membres et n'importe lequel des pays individuels composant le groupe des grandes économies non membres. Le groupe des grandes économies non membres de l'OCDE comprend l'Afrique du Sud, le Brésil, la Chine, l'Inde, l'Indonésie et la Russie. Pour plus d'informations sur la méthodologie employée, voir Arriola et al. (2024[8]).
Source : Calculs de l'OCDE fondés sur des données de la BACI (Base pour l'analyse du commerce international).

Cependant, les différences observées dans les niveaux de concentration significative des importations indiquent également que, même parmi les pays de l'OCDE, il existe un potentiel de diversification supplémentaire qui reste inexploité (Graphique 1.3, partie B). Par exemple, dans les pays de l'OCDE enregistrant les scores les plus élevés en matière de concentration significative des importations, comme le Chili, le Mexique et la Corée, ces scores sont plus de trois fois plus élevés que ceux des pays ayant obtenu les scores les plus faibles (Allemagne, France et Italie).

En présence de liens commerciaux caractérisés par une forte concentration, l'identité des principaux partenaires commerciaux est importante, car les risques géographiques, économiques et géopolitiques varient d'un pays à l'autre. La dépendance à l'égard de la Chine s'est fortement accrue dans tous les pays et régions de l'OCDE depuis la fin des années 90, et si l'on observe les dépendances commerciales de la zone OCDE dans son ensemble et de plusieurs pays de l'OCDE pris individuellement, la Chine y figure aujourd'hui comme le partenaire unique le plus important. C'est pourquoi il est intéressant de mieux comprendre les raisons pour lesquelles la Chine s'est imposée en tant que source de dépendances. En particulier, il est nécessaire d'appréhender de manière plus fine les contributions respectives des facteurs naturels et de ceux qui sont liés à une action publique, notamment à des politiques susceptibles d'avoir entraîné des distorsions du marché ou d'avoir pour cible des objectifs autres qu'économiques.

Parallèlement, la dépendance commerciale des économies de l'OCDE vis-à-vis de la Chine doit aussi être replacée dans le contexte de la dépendance de la Chine par rapport aux économies de l'OCDE. Si l'on considère les liens de dépendance de la Chine, l'OCDE en tant que groupe, et plusieurs pays de l'OCDE pris individuellement, y occupent une place bien plus importante (Graphique 1.4). De plus, sur une base sectorielle, les dépendances de la Chine vis-à-vis de pays de l'OCDE portent sur plusieurs secteurs dans lesquels plusieurs pays de l'OCDE dépendent aussi de la Chine, ce qui montre bien le caractère mutuel de certaines interdépendances commerciales (Graphique 1.5).

### Graphique 1.4. Évolution de la dépendance des pays de l'OCDE pour leurs importations, par grand pays exportateur

Nombre moyen par pays de dépendances bilatérales vis-à-vis des États-Unis, de la Chine, de l'Allemagne et d'autres pays, pour les importations (parts indiquées dans le graphique)

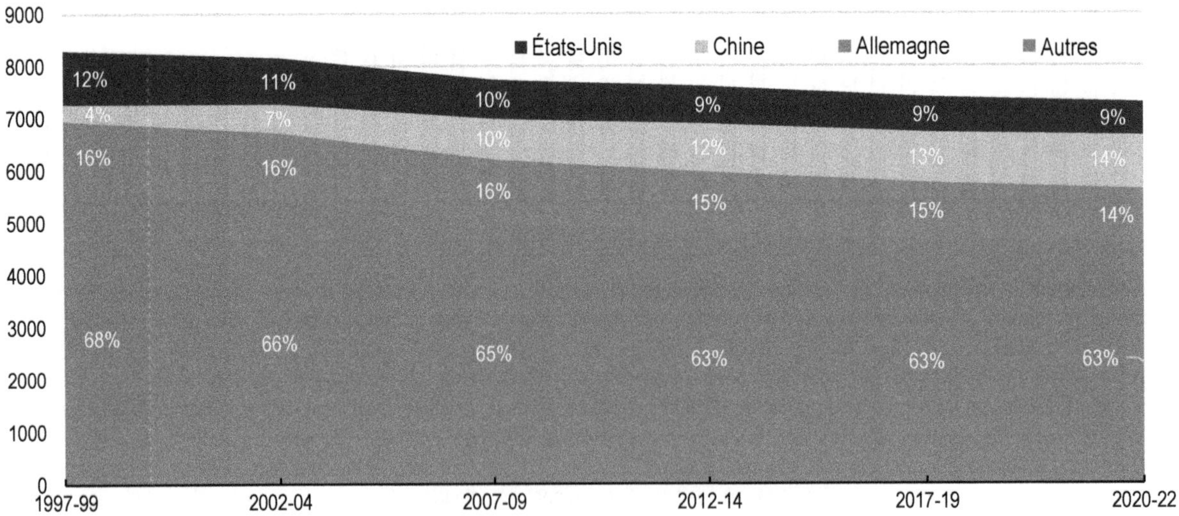


Note : L'agrégat « Autres pays » comprend tous les autres pays membres et non membres de l'OCDE couverts par la base de données de la BACI. Pour plus d'informations sur la méthodologie employée, voir Arriola et al. (2024[8]).
Source : Calculs de l'OCDE fondés sur des données de la BACI (Base pour l'analyse du commerce international).

### Graphique 1.5. Évolution de la dépendance de la Chine pour ses importations, par grand pays ou grande région d'exportation

Nombre moyen par pays de dépendances bilatérales de la Chine vis-à-vis des États-Unis, de l'Allemagne, du Japon, d'autres pays de l'OCDE, des grandes économies non membres et d'autres pays pour les importations (parts indiquées dans le graphique)

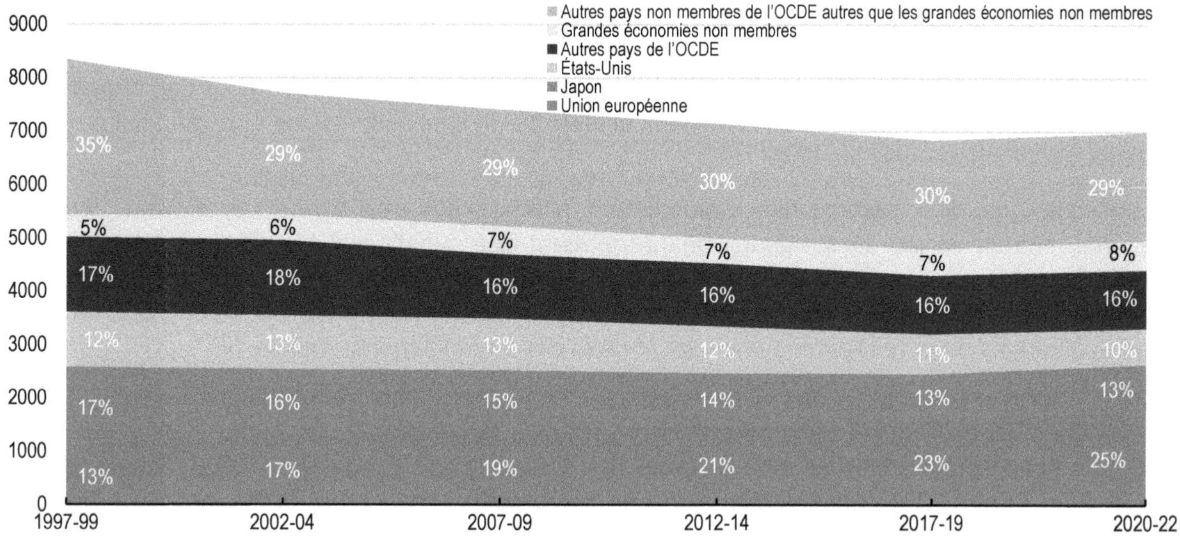


Note : L'agrégat « Autres pays de l'OCDE » comprend tous les pays de l'OCDE à l'exception des États-Unis, du Japon et des pays de l'OCDE qui sont également membres de l'UE. Le groupe des grandes économies non membres de l'OCDE comprend l'Afrique du Sud, le Brésil, la Chine, l'Inde, l'Indonésie et la Russie. Pour plus d'informations sur la méthodologie employée, voir Arriola et al. (2024[8]).
Source : Calculs de l'OCDE fondés sur des données de la BACI (Base pour l'analyse du commerce international).

## Anticiper les effets des chocs transmis par l'intermédiaire des chaînes d'approvisionnement internationales

Si l'analyse au niveau des produits peut apporter des éclairages précieux sur les dépendances commerciales, l'exposition des économies nationales à des chocs dépend de la nature de leur spécialisation et de leur intégration dans les chaînes d'approvisionnement internationales. Ces caractéristiques vont au-delà de la concentration des échanges et des parts dans les échanges bilatéraux. Le modèle METRO de l'OCDE pour les échanges mondiaux peut être utilisé pour mettre au jour certaines grandes relations générales en vue d'éclairer les pouvoirs publics et les entreprises dans leurs efforts visant à renforcer la résilience aux chocs (OCDE, 2020[3])[7]. Même si la modélisation repose sur plusieurs hypothèses nécessitant une grande prudence quant aux implications pour l'action des pouvoirs publics, il est tout de même possible de parvenir à quelques conclusions générales et d'identifier quelques grandes conséquences en termes d'action publique.

Dans la plupart des segments de l'économie mondiale, des perturbations de la production dans un segment ne provoquent que des réactions relativement faibles de la production ailleurs. Cela semble indiquer que la structure actuelle des liens nationaux et internationaux et les mécanismes d'ajustement économique tendent à atténuer l'impact des chocs plutôt qu'à les amplifier. Cela étant, il existe aussi certaines valeurs aberrantes élevées indiquant que des chocs survenant dans certains segments de l'économie mondiale pourraient avoir des conséquences plus importantes.

L'impact des chocs se produisant dans d'autres secteurs d'un même pays est souvent plus important que celui de chocs affectant des secteurs à l'étranger. En effet, dans la plupart des secteurs, la dépendance à l'égard d'intrants étrangers et de marchés étrangers pour les produits finaux reste inférieure à la dépendance par rapport à des intrants et à des marchés de produits et de facteurs au plan national. De plus, les marchés internationaux offrent des possibilités d'ajustement et de diversification plus importantes que les marchés nationaux. Par conséquent, les perturbations de la production se produisant dans des secteurs verticalement intégrés, c'est-à-dire des chocs du type de ceux qui sont au centre des débats sur la propagation des chocs dans les chaînes de valeur mondiales (ci-après « chocs dans les CVM »), ne semblent pas constituer la principale source de turbulences. Si des perturbations en amont de la chaîne de valeur peuvent limiter l'accès à des intrants intermédiaires, et si une baisse de la production en aval peut faire baisser la demande d'intrants, la plupart des impacts sont inférieurs au choc initial de deux ordres de grandeur. La dispersion des impacts est également plus modeste que pour des chocs au plan intérieur. Là encore, ce constat reflète les niveaux actuels de diversification et les plus grandes possibilités d'ajustement qui caractérisent les CVM.

Il est possible que des mécanismes d'ajustement économique très divers, au niveau national et international, entrent en jeu. Des signaux-prix permettant une substitution par d'autres fournisseurs ou d'autres débouchés, et des réponses émanant des marchés du travail et des capitaux jouent un rôle important dans l'élaboration des réponses aux chocs. Ces éléments devraient donc être pris en compte dans les évaluations de la résilience aux chocs et de la dépendance commerciale.

Le degré d'ajustement du marché des facteurs peut avoir un impact sur la transmission des chocs. L'impact des chocs dans les économies nationales est souvent plus limité lorsque les facteurs de production ne peuvent pas être déplacés d'un secteur à l'autre (court terme) que lorsqu'ils peuvent circuler librement (moyen à long terme). Cela montre bien que des perturbations de courte durée ont peut-être moins d'importance que des perturbations plus durables laissant aux marchés des facteurs plus de temps pour réagir et répercuter les impacts sur d'autres secteurs. On peut également en conclure que des mesures de protection de l'emploi ou de restrictions des mouvements de capitaux pourraient avoir un effet d'atténuation face à des chocs temporaires[8].

Si la plupart des impacts des chocs dans les CVM sont plus modestes que les chocs initiaux, dans une petite partie des cas, c'est l'inverse, les réponses étant plus de trois fois supérieures. En outre, une accumulation de chocs négatifs multiples (comme cela a été par exemple le cas pendant la pandémie de COVID-19) peut avoir des conséquences plus massives.

Les statistiques établies pour résumer les réponses à des constellations de chocs aussi défavorables laissent penser que certains secteurs et pays pourraient être plus exposés que d'autres. Les économies ayant des liens verticaux étroits avec de grandes économies étrangères sont souvent plus exposées aux chocs dans les CVM, les plus vulnérables étant le Canada, la France, l'Allemagne et le Royaume-Uni, tandis que les États-Unis, le Brésil et la Chine sont relativement plus épargnés en raison de leur plus grande dépendance à l'égard de leurs marchés nationaux de produits et de facteurs dans la plupart des secteurs. Dans l'hypothèse d'une immobilité des facteurs, ce sont la Russie et l'Afrique du Sud qui arrivent en tête du classement des pays les plus exposées. En effet, les secteurs dans lesquels ces deux pays ont tendance à se spécialiser, comme le pétrole et le charbon, l'exploitation minière et la chimie, sont plus exposés à des chocs externes et ont plus de mal à s'adapter lorsque la main-d'œuvre et le capital ne peuvent pas se déplacer vers d'autres secteurs (Graphique 1.6).

## Graphique 1.6. Exposition maximale aux chocs dans les CVM selon les pays

Impact combiné maximal, en pourcentage, de tous les chocs de l'ordre de 1 % possibles

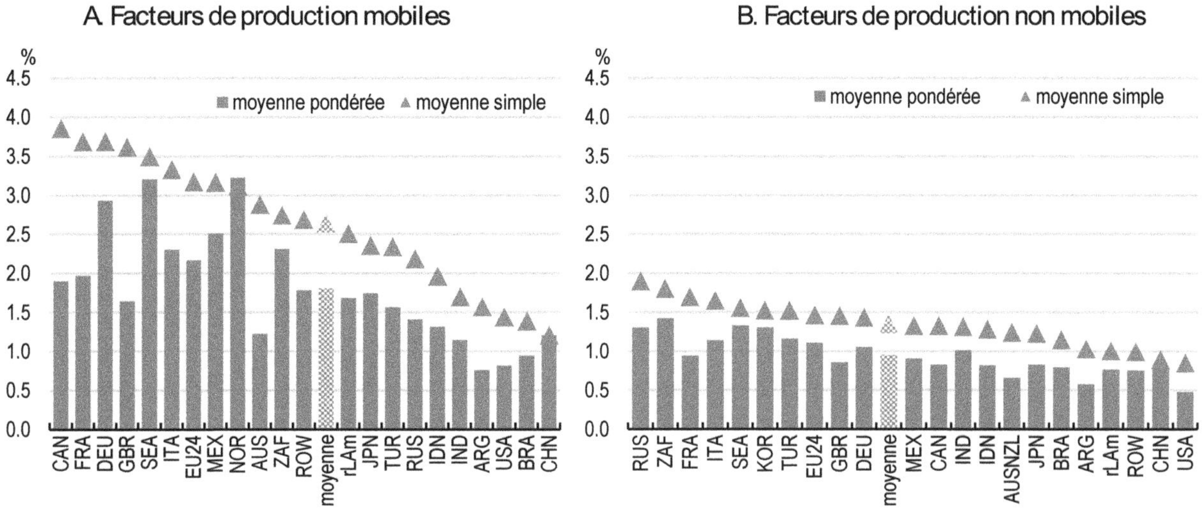


Note : Les moyennes pondérées ont été produites à l'aide des valeurs de la production au point de départ de la simulation utilisées comme facteurs de pondération.
Source : Calculs effectués à l'aide du modèle METRO de l'OCDE.

Les valeurs mesurées de l'exposition varient plus entre les secteurs qu'entre les pays, laissant penser que les initiatives sectorielles permettraient de mieux faire face à l'exposition aux chocs. Les secteurs manufacturiers sont en moyenne beaucoup plus exposés aux chocs de production étrangers que les services, l'agriculture et l'agroalimentaire, parce qu'ils sont plus internationalisés en termes de destination de la production et d'approvisionnement en intrants intermédiaires. Pour cette raison, les produits électroniques, les métaux non ferreux, la sidérurgie et l'acier, les machines et équipements et les produits chimiques apparaissent comme les secteurs de fabrication qui sont le plus exposés. Lorsque les facteurs de production sont immobiles, ce sont les industries extractives et les secteurs manufacturiers qui leur sont liés (métallurgie, sidérurgie et acier et produits chimiques) qui se hissent en tête du classement des expositions aux chocs (Graphique 1.7).

On observe aussi des différences importantes entre les pays et les secteurs s'agissant des chocs qui contribuent le plus à l'exposition. Par exemple, le secteur allemand des véhicules à moteur, s'il est moins exposé aux chocs dans les CVM que la fabrication d'équipements électroniques ou la métallurgie[9], tend à être relativement plus exposé que celui des États-Unis, et une proportion plus grande de cette exposition peut être attribuée à des chocs prenant naissance en Chine.

Les secteurs de services, qui dans certains pays emploient une part importante des ressources de main-d'œuvre (par exemple hôtellerie et loisirs, commerce de détail, construction ou entreposage et activités connexes), peuvent être à l'origine de chocs relativement importants sur l'ensemble de l'économie mondiale. Cela étant, la transmission de ces chocs ne passe généralement pas par une limitation de l'accès à des intrants intermédiaires, ou une limitation de la demande de ces intrants, mais s'opère plutôt via les impacts à l'échelle de l'économie nationale impliquant les marchés de facteurs. À moyen et long terme, une réduction de la production dans ces secteurs est souvent associée à une libération de main-d'œuvre et de capitaux qui trouvent à s'employer dans d'autres segments de l'économie, avec des répercussions sur d'autres secteurs. Les chocs touchant les services aux entreprises, secteur qui a des liens étroits, en amont et en aval, avec les activités manufacturières, se caractérisent par une transmission plus classique des chocs extérieurs verticaux via les CVM.

## Graphique 1.7. Exposition maximale aux chocs dans les CVM selon les secteurs

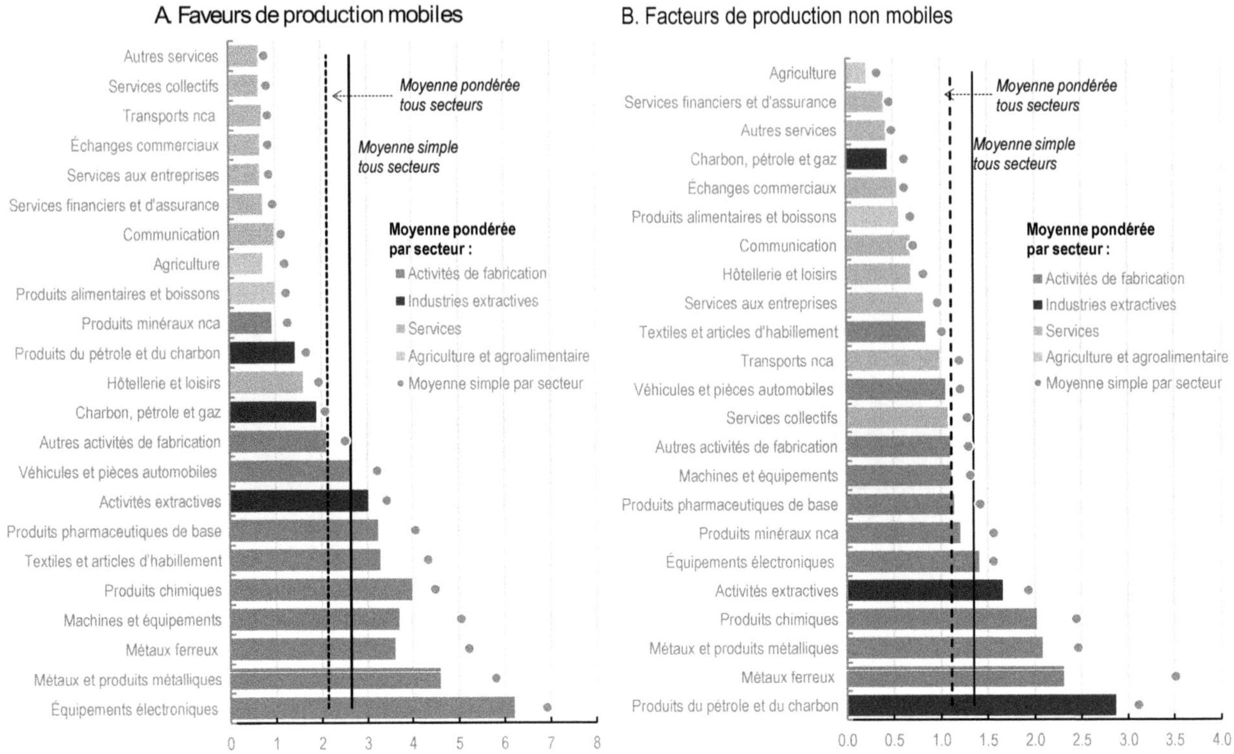


Note : Les moyennes pondérées ont été produites à l'aide des valeurs de la production au point de départ de la simulation utilisées comme facteurs de pondération.
Source : Calculs effectués à l'aide du modèle METRO de l'OCDE.

## Atténuer les risques dans les chaînes d'approvisionnement : effets économiques possibles d'un scénario de fragmentation des échanges induite par une action publique

Les éléments examinés dans les sections qui précèdent montrent bien la forte concentration relative qui caractérise apparemment certains liens commerciaux, et qui pourrait accroître la probabilité de dommages, économiques ou autres, en cas de chocs majeurs inattendus ou de coercition économique en lien avec les échanges. Ce constat confirme l'intérêt qu'il y a à surveiller les indicateurs de la concentration des échanges et à anticiper les effets d'éventuels chocs et perturbations. Cela étant, on pourrait aussi en déduire que les responsables de l'action publique disposent d'une marge d'action plus importante pour diversifier les échanges de façon à atténuer les risques associés à certains liens commerciaux.

Ces derniers temps, les préoccupations relatives aux dépendances commerciales et à l'exposition aux chocs, le rôle de plus en plus important dévolu à des politiques économiques stratégiques et l'aggravation des tensions géopolitiques ont, de fait, abouti à une nouvelle vague d'appels à la démondialisation, à des mouvements de délocalisation, de proximité ou dans des pays alliés, ainsi qu'à la création de blocs commerciaux ou à la relocalisation (e.g. Arriola et al. (2020[3]), Crowe et Rawdanowicz (2023[14])). Les appels à assurer la sécurité économique et l'autonomie stratégique, et les arguments plaidant en faveur d'une limitation de la dépendance à l'égard des économies étrangères mettent sous tension l'ouverture des marchés et le système commercial fondé sur des règles. En même temps, ces appels à améliorer la sécurité économique constituent peut-être aussi une réponse à l'instrumentalisation (quelquefois bien réelle) des dépendances commerciales ainsi qu'à d'autres pratiques coercitives qui aboutissent en premier lieu à saper le système commercial fondé sur des règles. On peut aussi redouter que certaines des mesures prises en réaction par les pouvoirs publics pour minimiser les risques commerciaux et améliorer la résilience des chaînes d'approvisionnement ne soient pas judicieusement conçues et n'aboutissent en fait à éroder inutilement les avantages du commerce international. Par conséquent, lors du débat sur l'atténuation des risques associés au commerce international et aux chaînes d'approvisionnement, il faudra soigneusement peser les coûts et avantages éventuels des différentes options s'offrant aux pouvoirs publics.

Jusqu'à une époque récente, il n'existait pas d'élément attestant clairement d'une réorganisation profonde des chaînes d'approvisionnement internationales allant dans le sens d'une relocalisation et d'une fragmentation géo-économique. Cela étant, la stagnation du ratio échanges mondiaux/PIB déjà observée depuis la crise financière mondiale de 2008-09 témoigne d'un ralentissement de la mondialisation économique. Plusieurs signes montrent également que certaines des mesures récemment prises ou envisagées sont en train de redessiner le paysage réglementaire des chaînes d'approvisionnement et de s'imposer parmi les principaux moteurs des décisions stratégiques des entreprises, potentiellement à long terme. C'est ce qui ressort, par exemple, des résultats d'enquêtes récentes sur les stratégies déployées par les entreprises pour améliorer la résilience (voir par exemple Accenture (2023[15]) et EconPol (2024[16])), ou encore de la réorientation du commerce bilatéral entre la Chine et les États-Unis et l'Union européenne, ainsi que dans l'importance croissante prise par des économies tierces (2023[15]). Les données empiriques dont on commence à disposer montrent un degré relativement élevé d'interdépendance commerciale. Dans la mesure où la fragmentation risque d'entraîner un démantèlement des chaînes d'approvisionnement internationales, d'interrompre la fourniture de matières premières critiques et de mettre en péril les transferts de technologie et la division du travail entre pays à différents stades de développement, elle pourrait avoir un coût économique très élevé si elle devait être de grande ampleur.

Les estimations par modélisation des conséquences de scénarios possibles de fragmentation peuvent être instructives, mais elles dépendent en dernier ressort des hypothèses retenues concernant l'ampleur et à la nature de la fragmentation, qui vont de scénarios d'augmentation légère des obstacles aux échanges à la formation de blocs commerciaux géopolitiques fonctionnant plus ou moins en autarcie, en passant par un régionalisme discriminatoire. Les analyses par modélisation des coûts de la fragmentation se sont multipliées après la pandémie de COVID-19 et encore plus depuis l'invasion de l'Ukraine par la Russie. D'après une synthèse des études sur la fragmentation des échanges menées par le FMI dans le sillage de l'invasion russe (2023[17]), les coûts engendrés via les canaux de diffusion des échanges et des technologies varient entre un niveau proche de zéro et 12 % du PIB d'un pays ou d'une région[10]. Ces études laissent également penser que ce sont les économies de marché émergentes et en développement qui auraient le plus à perdre (même si, encore une fois, les coûts estimatifs dépendent fortement d'hypothèses qui sont par nature incertaines).

Au vu des perturbations des chaînes d'approvisionnement observées rapidement au moment de la pandémie de COVID-19 et des appels vigoureux lancés à l'époque en faveur de la relocalisation des chaînes d'approvisionnement, une analyse fondée sur le modèle METRO de l'OCDE a permis de comparer des effets simulés d'un tel recentrage sur l'efficience économique et sur l'ampleur de la transmission internationale des chocs sur les coûts des échanges propres à chaque pays en fonction de différentes hypothèses concernant l'ouverture des pays et leur intégration dans les CVM. Cette analyse a montré qu'il était probable que des politiques susceptibles d'aboutir à des chaînes de valeur plus recentrées localement soient coûteuses en termes d'efficiences et n'offrent pas forcément une stabilité plus grande en cas de choc (OCDE, 2020[3]) (Graphique 1.8). Selon les estimations réalisées, un régime d'économies recentrées localement, supposant une série de mesures de relocalisation retenues comme hypothèses et stylisées selon lesquelles tous les pays décideraient de réduire leurs interactions au sein des CVM en combinant hausse des droits de douane à l'importation, subventions à la production nationale et surcroît de contraintes sur les possibilités d'approvisionnement au sein des CVM, aurait pour effet de réduire de plus de 18 % le commerce mondial et d'amputer le PIB réel mondial de plus de 5 % par rapport au régime d'interconnexion, les pays individuels perdant entre 1.1 et 12.2 % de PIB selon l'ampleur et la nature de leur intégration dans les CVM. De plus, une fois modélisés les effets d'un ensemble stylisé de chocs affectant les « chaînes d'approvisionnement »[11], et contrairement à certaines affirmations formulées dans le cadre du débat sur les risques inhérents aux CVM, il est apparu que dans un régime de recentrage local, les chocs ne montreraient pas une augmentation significative de la stabilité du PIB, de la production et de la consommation par rapport à la situation observée dans un régime interconnecté. En fait, dans plus de la moitié des économies, la stabilité du PIB serait même moindre dans un régime de recentrage local. En effet, l'ouverture et la diversification géographique des sources d'intrants et des destinations de la production au sein des CVM offrent au contraire des possibilités d'ajustement face à des perturbations.

### Graphique 1.8. Niveau et variabilité du PIB dans un scénario de recentrage local des chaînes d'approvisionnement

Simulation d'impact d'un scénario de recentrage local des chaînes d'approvisionnement sur le PIB de quelques économies de l'OCDE et grandes économies non membres

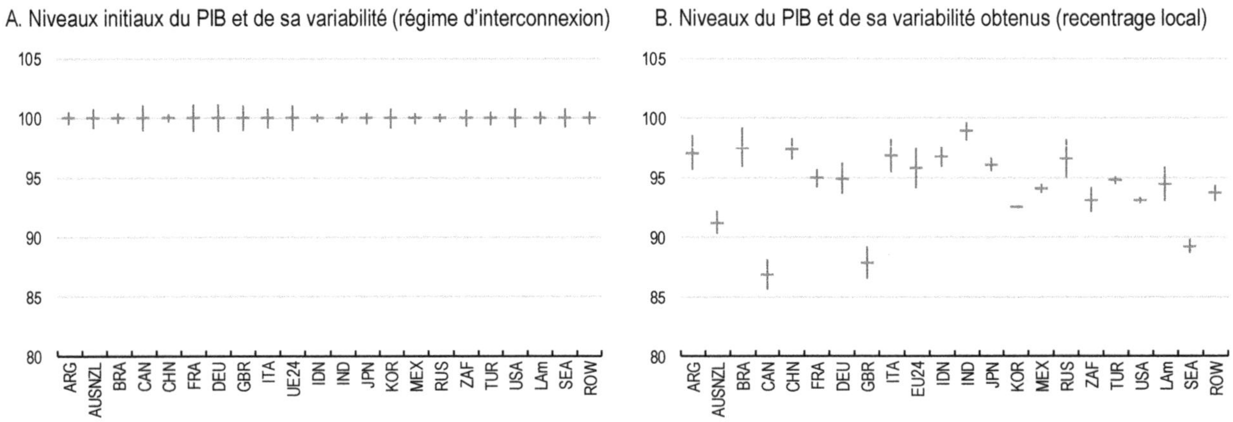


Note : Tous les changements des variables s'entendent par rapport au niveau du scénario de base du régime interconnecté, fixé à 100. Les points bleus correspondent à la base propre au régime concerné par rapport à la base en régime interconnecté et les traits verticaux représentent les écarts moyens en cas de chocs positifs ou négatifs sur les coûts des échanges.
Source : Arriola et al. (2020[3]), « Efficiency and risks in global value chains in the context of COVID-19 », Documents de travail du Département des affaires économiques de l'OCDE, n° 1637, Éditions OCDE, Paris, https://doi.org/10.1787/3e4b7ecf-en.

Une récente étude de l'OCDE (Arriola et al., 2024[8]) consacrée aux différentes dimensions des dépendances commerciales à l'échelle d'une économie a consisté à envisager les conséquences économiques possibles d'un scénario hypothétique et fortement stylisé de réduction partielle des échanges entre la zone OCDE et les grandes économies non membres[12]. Dans ce scénario, on a posé l'hypothèse que tous les flux d'échanges des échanges de biens et services entre chacun des pays de l'OCDE et chacune des grandes économies non membres diminuaient de 10 % (ci-après le choc de réduction des échanges ou choc commercial). On a supposé que tous les autres flux commerciaux restaient directement inchangés, mais qu'ils étaient susceptibles d'être touchés indirectement, par exemple en raison de l'interruption de liens indirects concernant les échanges entre l'OCDE et les grandes économies non membres, le cas échéant, ou du fait de la réorientation des échanges et d'autres ajustements.

L'analyse de ce scénario a été réalisée à l'aide des tableaux internationaux des entrées-sorties (TIES) et des méthodes d'analyse des entrées-sorties de l'OCDE[13] et avec la mise en œuvre du modèle d'équilibre général calculable (ECG) METRO de l'Organisation. Même si elles offrent des niveaux de détail différents par pays et par secteur et si l'accent mis sur les divers mécanismes d'ajustement économique peut varier, les approches reposant sur les TIES et celles mises en œuvre dans le modèle ECG permettent toutes les deux d'évaluer les conséquences des dépendances commerciales à l'échelle d'une économie. Elles permettent également d'adopter une perspective plus large de la chaîne d'approvisionnement et de prendre en compte non seulement les dépendances commerciales qui sont dues à des relations directes importations-exportations, mais aussi celles qui peuvent résulter de liens commerciaux indirects (par exemple lorsqu'un produit exporté d'un pays vers un autre contient un composant produit dans un pays tiers). Il est important de noter que ces méthodologies permettent d'analyser les dépendances directes et indirectes dans les secteurs de services.

Globalement, les résultats de cette analyse (Arriola et al., 2024[8]) confirment l'existence d'un degré élevé d'interdépendance commerciale entre les deux groupes de pays (particulièrement entre les pays de l'OCDE et la Chine) et font ressortir quelques-uns des coûts économiques qui pourraient être associés aux stratégies actuellement envisagées de réduction des risques inhérents aux chaînes d'approvisionnement :

- Dans le scénario de réduction des échanges, la plupart des pays de l'OCDE et des grandes économies non membres enregistrent des pertes, qui peuvent cependant être très variables d'un pays à l'autre, et les impacts estimés dépendent de l'approche de modélisation utilisée. En fonction du cadre de modélisation utilisé et du pays considéré, les baisses de PIB vont de zéro à environ 1.7 %.
- Les pays et secteurs de l'OCDE entretenant des liens plus étroits avec des grandes économies non membres qu'avec d'autres pays de l'OCDE s'en sortent moins bien, alors que des relations plus fortes au sein de la zone OCDE contribuent à atténuer les conséquences du choc commercial. Ce sont les pays de la région Asie-Pacifique Membres de l'OCDE, notamment la Corée et l'Australie, qui sont le plus touchés, tandis que les pays européens de l'OCDE sont modérément affectés et ceux d'Amérique du Nord largement épargnés.
- Dans toutes les régions de l'OCDE, la diminution des échanges avec la Chine est le principal facteur expliquant les baisses du PIB, même si quelques autres pays de l'OCDE sont aussi fortement exposés à d'autres grandes économies non membres. Ce constat n'est pas surprenant quand on sait que la Chine représente près des deux tiers du commerce mondial entre les grandes économies non membres et les pays de l'OCDE.
- Il apparaît que le choc commercial envisagé a un impact encore plus important sur le PIB de certaines grandes économies non membres que sur celui des pays Membres de l'OCDE. En effet, dans celles-ci, les liens à l'exportation et à l'importation qui subissent des perturbations en vertu de ce scénario représentent une part plus importante de l'économie.

Quel que soit le pays considéré, tous les secteurs de l'économie ne sont pas exposés dans les mêmes proportions au choc commercial envisagé[14]. La liste des secteurs les plus touchés varie d'un pays à l'autre, mais les niveaux d'exposition les plus élevés s'observent relativement souvent dans le secteur primaire, plus précisément dans les activités extractives. Cela s'explique par le fait que les chocs commerciaux limitent plusieurs flux de ressources minérales importants entre l'OCDE et les grandes économies non membres.

## Conclusions

Les résultats d'analyses empiriques récemment menées par l'OCDE à titre exploratoire pour tenter de quantifier l'évolution historique et l'importance économique des dépendances commerciales illustrent certaines des préoccupations qui servent de toile de fond aux débats sur les échanges. La production mondiale, tout au moins celle de certains produits, est de plus en plus concentrée, et de plus en plus polarisée autour de certains pays et certaines régions. Par conséquent, on peut penser que les chocs liés au changement climatique, à l'évolution des politiques économiques ou aux conflits géopolitiques sont potentiellement plus susceptibles de perturber les liens commerciaux et de causer des dommages économiques ou sociétaux. La concentration peut également faire naître des inquiétudes portant sur des questions d'action publique en lien avec la sécurité des approvisionnements, comme la coercition économique par exemple.

Si la concentration de plus en plus grande des échanges peut s'expliquer par des facteurs économiques de marché (ressources naturelles, avantage comparatif, économies d'échelle ou la fragmentation des CVM), elle peut aussi être la conséquence de politiques non concurrentielles, et notamment d'aides publiques. C'est pourquoi il est utile de mieux comprendre les raisons pour lesquelles cette concentration augmente. En particulier, il est nécessaire d'appréhender de manière plus fine les contributions respectives des facteurs naturels et de ceux qui sont liés à une action publique, notamment à des politiques susceptibles d'avoir entraîné des distorsions du marché ou d'avoir pour cible des objectifs autres qu'économiques.

Si la concentration des échanges a augmenté en moyenne, des fractions importantes, sinon majoritaires, des échanges mondiaux et nationaux restent toutefois, dans l'ensemble, relativement bien diversifiées. Comme le montre le profil de concentration des flux commerciaux, les marchés internationaux de produits sont aussi généralement caractérisés par un niveau raisonnable de concurrence et par un contrôle qui reste limité sur l'offre ou sur la formation des prix de certains importateurs ou exportateurs. En outre, il est difficile de distinguer entre les liens commerciaux concentrés qui pourraient poser des problèmes et ceux qui présentent des avantages. On peut légitiment redouter que certaines mesures prises en réaction par les pouvoirs publics pour minimiser les risques commerciaux et améliorer la résilience des chaînes d'approvisionnement ne soient pas judicieusement conçues et n'aboutissent en fait à saper inutilement les avantages du commerce international.

Dans ce contexte, dans le cadre du débat actuel sur la réduction des risques liés aux échanges internationaux, il convient d'examiner soigneusement les coûts et avantages éventuels des diverses options s'offrant aux pouvoirs publics. Les différentes méthodologies utilisées pour produire des données factuelles font toutes apparaître un degré relativement élevé d'interdépendance commerciale entre la zone OCDE et les grandes économies non membres (et tout particulièrement entre les pays de l'OCDE et la Chine), ainsi les coûts économiques potentiellement lourds qu'entraînerait une fragmentation importante des échanges.

## Références

Accenture (2023), *Resiliency in the making: Turning adversity into advantage for engineering, supply, production and operations*, Accenture. [15]

Antras, P. et R. Staiger (2012), « Offshoring and the Role of Trade Agreements », *American Economic Review*, vol. 102(7), pp. 3140–3183. [4]

Arriola, C. et al. (2024), *Towards demystifying trade dependencies: At what point do trade linkages become a concern?*, Éditions OCDE, Paris, https://doi.org/10.1787/2a1a2bb9-en. [8]

Baker, S., N. Bloom et S. Davis (2016), *Measuring Economic Policy Uncertainty*, https://www.policyuncertainty.com/media/EPU_BBD_Mar2016.pdf. [6]

Baldwin, R. (2011), « Trade and Industrialization after Globalization's Second Unbundling: How Building and Joining a Supply Chain Are Different and Why It Matters », *NBER Working Papers*, vol. Document de travail n° 17716, https://www.nber.org/papers/w17716. [1]

Berthou, A., A. Haramboure et L. Samek (2024), *Mapping and testing product-level vulnerabilities in granular production networks*, Éditions OCDE, Paris, https://doi.org/10.1787/9bcde495-en. [13]

Bonneau, C. et M. Nakaa (2020), *Vulnérabilité des approvisionnements français et européens*, Trésor-Éco n° 274, Ministère de l'Économie, Des Finances, et De La Relance, France, https://www.tresor.economie.gouv.fr/Articles/511478e4-5fb3-48a6-afbc-edc5186be04c/files/e1968df8-f94a-4718-bbeb-992db19864e6. [10]

Caldara, D. et M. Iacoviello (2022), « Measuring Geopolitical Risk », *American Economic Review*, vol. 112(4), pp. 1194–1225, https://doi.org/10.1257/aer.20191823. [7]

Commission européenne (2022), *EU strategic dependencies and capacities: second stage of in-depth reviews Document de travail des services de la Commission SWD (2022) 41*, https://www.europeansources.info/record/eu-strategic-dependencies-and-capacities-second-stage-of-in-depth-reviews/. [11]

Crowe, D. et L. Rawdanowicz (2023), *Risks and Opportunities of Reshaping Global Value Chains*, Éditions OCDE à paraître. [14]

EconPol (2024), *Reconfiguration of Supply Chains: What Are the Priorities of German Firms?*, https://www.econpol.eu/publications/policy_brief_56/reconfiguration-of-supply-chains. [16]

FMI (2023), *Geoeconomic Fragmentation and the Future of Multilateralism*, Fonds monétaire international, https://www.imf.org/en/Publications/Staff-Discussion-Notes/Issues/2023/01/11/Geo-Economic-Fragmentation-and-the-Future-of-Multilateralism-527266. [17]

Kowalski, P. et al. (2015), *Participation of Developing Countries in Global Value Chains: Implications for Trade and Trade-Related Policies*, Éditions OCDE, Paris, https://doi.org/10.1787/5js33lfw0xxn-en. [19]

Lafrogne-Joussier, R. (2021), *Supply shocks in supply chains: Evidence from the early lockdown in China*, https://cepr.org/active/publications/discussion_papers/dp.php?dpno=16813. [2]

Miller, R. et P. Blair (2022), *Input-output analysis: foundations and extensions (3rd edition)*, Cambridge University Press. [18]

OCDE (2024), *Risks and Resilience in Global Trade: Key Trends in 2023-2024*, Éditions OCDE, Paris, https://doi.org/10.1787/1c66c439-en. [20]

OCDE (2020), *Documents de travail du Département des Affaires économiques de l'OCDE*, Éditions OCDE, Paris, https://doi.org/10.1787/18151973. [3]

Schwellnus, C. et al. (2023), *Global value chain dependencies under the magnifying glass*, Éditions OCDE, Paris, https://doi.org/10.1787/b2489065-en. [9]

Staiger, R. (2022), *A World Trading System for the Twenty-First Century*, Massachusetts Institute of Technology. [5]

Vicard, V. et P. Wibaux (2023), *EU Strategic Dependencies: A long view CEPII Policy Brief, n° 41, juin 2023*, http://www.cepii.fr/PDF_PUB/pb/2023/pb2023-41.pdf. [12]

## Notes

[1] Direction des échanges et de l'agriculture de l'OCDE.

[2] Dans le cadre de ce débat sur l'action publique, la « progression au sein d'une chaîne de valeur » a souvent été interprétée comme une transition (dictée par des objectifs commerciaux ou induite par les pouvoirs publics) vers des activités se caractérisant par une « valeur ajoutée relativement élevée » (par exemple au stade de la conception et de la commercialisation d'un produit plutôt qu'à celui de son assemblage ou de sa fabrication), voire comme la nécessité de capter une part croissante de la valeur ajoutée locale dans les exportations. Cependant, cette vision de la montée en gamme ne tient pas compte du fait que le volume d'activité a également son importance, et que si le fait d'effectuer des opérations d'assemblage ou de fabrication à grande échelle peut apporter un avantage à un pays ou une entreprise, il lui sera alors bien plus bénéfique économiquement de se concentrer sur ces activités au sein de la chaîne d'approvisionnement (Kowalski et al., 2015[19]).

[3] Dans une perspective historique plus longue, le niveau de risque géopolitique mesuré selon cette méthodologie était plus élevé au début des années 2020 qu'à la fin des années 1990. Toutefois, il était encore nettement inférieur aux niveaux enregistrés lors d'épisodes de tensions géopolitiques précédents, par exemple pendant la guerre du Golfe, la Guerre de Corée et surtout les deux guerres mondiales (Caldara et Iacoviello, 2022[7]).

[4] Dans certains cas, les interdépendances commerciales ont été utilisées dans le but d'interférer avec les choix souverains légitimes d'un autre pays. Même s'il n'en existe pas de définition internationalement admise, de telles situations peuvent être qualifiées de « coercition économique » (OCDE, 2024[20]).

[5] L'analyse porte sur tous les pays qui communiquent des données sur les échanges comparables à l'échelle internationale, mais pour l'examen de la nature et de l'évolution des dépendances commerciales, l'accent a été mis sur les pays de l'OCDE et les autres grandes économies non membres, à savoir l'Afrique du Sud, le Brésil, la Chine, l'Inde, l'Indonésie et la Russie.

[6] Les produits sont définis ici au niveau d'agrégation à six chiffres du Système harmonisé (SH6).

[7] Ces travaux ont consisté à analyser des réponses simulées de la production de secteurs économiques nationaux à des chocs de production se produisant dans d'autres secteurs nationaux et étrangers qui leur sont connectés verticalement via des chaînes d'approvisionnement et horizontalement sous la forme d'une concurrence sur les marchés de produits. Outre qu'elle a permis d'évaluer l'ampleur et la nature globales de la transmission des chocs, l'analyse a permis de repérer les pays et les grands secteurs susceptibles d'être particulièrement vulnérables à des chocs, ou de constituer une source de risque plus importante.

[8] Cela étant, les différences d'impact en fonction des diverses hypothèses concernant la mobilité des facteurs varient d'un secteur à l'autre et dépendent du poids significatif éventuel du secteur concerné sur les marchés nationaux du travail et des capitaux.

[9] Par exemple, l'exposition du pays aux chocs dans les CVM concernant l'industrie de l'électronique est environ deux fois plus importante. Pour en savoir plus sur l'exposition par secteur et par pays, voir Arriola, Kowalski et Tongeren (Arriola et al., 2024[8]).

[10] Il faut aussi tenir compte des flux migratoires, des flux de capitaux transnationaux et des canaux d'intégration financière, qui sont moins étudiés.

[11] Parmi l'éventail des chocs retenus figurent des hausses ou des baisses, avec le même niveau de probabilité et d'absence de corrélation géographique, du coût des échanges bilatéraux (pour les importations comme pour les exportations) entre chaque pays ou région inclus dans le modèle et l'ensemble de ses partenaires commerciaux.

[12] Le groupe des grandes économies non membres de l'OCDE est constitué de l'Afrique du Sud, du Brésil, de la Chine, de l'Inde, de l'Indonésie et de la Russie. Ce choix a été fait aux fins de l'analyse uniquement et ne préjuge en rien des relations entre l'OCDE ou l'un quelconque de ses membres et n'importe lequel des pays individuels composant ce groupe.

[13] La principale méthode utilisée lors de cette analyse est dite de « l'extraction hypothétique » (Miller et Blair, 2022[18]). Elle consiste à évaluer l'importance, pour une économie, de certaines connexions économiques en calculant ce qui se passerait si celles-ci étaient supprimées ou réduites, le reste de la structure du commerce mondial et de l'activité économique étant préservé. Pour plus de détails, voir (Arriola et al., 2024[8]).

[14] Dans plusieurs cas, les secteurs identifiés comme le plus fortement tributaires des échanges entre la zone OCDE et les grandes économies non membres ne représentent qu'une faible part de l'économie de leur pays. En revanche, les secteurs ayant une grande importance du point de vue tant national que mondial figurent sur la liste des secteurs fortement touchés.

# 2. Coup de projecteur : La chaîne de valeur des semi-conducteurs

Antton Haramboure, Guy Lalanne, Lea Samek et Angela Attrey[1]

Les semi-conducteurs sont des composants essentiels de la technologie numérique. Non seulement ils jouent un rôle crucial dans des domaines tels que l'intelligence artificielle (IA) et l'informatique quantique, mais ils sont également intégrés à une myriade de produits de la vie quotidienne. Ainsi, une voiture moderne peut compter jusqu'à 3 000 puces semi-conductrices, qui contrôlent tout, de la gestion de la batterie à l'injection de carburant en passant par les systèmes d'infodivertissement (Ewing et Boudette, 2021[1]). Les pénuries de semi-conducteurs observées dans le sillage de la pandémie de COVID-19 ont montré que l'accès à ces composants critiques ne peut être considéré comme acquis. Dans ce contexte, un certain nombre de pays ont récemment adopté des programmes d'action visant à renforcer la production nationale de semi-conducteurs (Encadré 2.1).

### Encadré 2.1. Programmes d'action mis en place récemment pour améliorer l'approvisionnement en semi-conducteurs

***La CHIPS and Science Act des États-Unis***

Aux États-Unis, la loi sur la création d'incitations efficaces à la fabrication de semi-conducteurs et à la production scientifique (Creating Helpful Incentives to Produce Semiconductors [CHIPS] and Science Act) adoptée en 2022 vise à renforcer la compétitivité, l'innovation et la sécurité nationale du pays dans le secteur des semi-conducteurs et à accroître la main-d'œuvre dans les domaines de la science, de la technologie, de l'ingénierie et des mathématiques (STIM). Les principales mesures portent sur des crédits d'impôt pour les investissements dans l'industrie manufacturière, le financement de la recherche-développement (R-D) au niveau sectoriel ainsi que le financement de l'éducation et du développement des compétences. La loi prévoit l'affectation de quelque 53 milliards USD (0.2 % du PIB) sur cinq ans à ces objectifs, dont environ 39 milliards USD d'incitations à la construction d'usines de semi-conducteurs et quelque 13 milliards USD de soutien à la R-D et au développement de la main-d'œuvre dans ce domaine. Elle prévoit en outre un crédit d'impôt de 25 % au titre des dépenses de construction d'usines et d'équipement engagées avant 2027. Le coût de cette mesure est estimé à 24.3 milliards USD sur dix ans. Elle accroît par ailleurs nettement les dépenses autorisées au titre des programmes fédéraux de R-D scientifiques et technologiques administrés par plusieurs organismes fédéraux (pour un montant d'environ 174 milliards USD jusqu'à la fin de l'exercice budgétaire 2027, équivalent à 0.7 % du PIB de 2022).

La CHIPS and Science Act prévoit également des mesures visant à freiner l'expansion de la fabrication de semi-conducteurs en Chine ou dans tout autre pays considéré comme constituant une menace pour la sécurité nationale des États-Unis. À quelques exceptions près, elle interdit pendant une période de dix ans aux bénéficiaires de ses financements et de ses crédits d'impôt à l'investissement d'accroître la fabrication de semi-conducteurs dans ces pays. La loi comprend également plusieurs dispositions relatives à la sécurité de la recherche.

Dans le même temps, les États-Unis ont mis en œuvre des mesures visant à réglementer l'exportation de semi-conducteurs de pointe et d'équipements de fabrication de puces vers la Chine. En octobre 2022, des contrôles à l'exportation ont été instaurés pour interdire le transfert de puces et d'outils de fabrication de pointe à des entreprises chinoises ayant des liens avec les pouvoirs publics. Ces restrictions ont été étendues en 2023 et 2024 pour combler les lacunes, limiter les ventes aux centres de données et cibler des entreprises supplémentaires.

***Le règlement européen sur les semi-conducteurs***

Le règlement européen sur les semi-conducteurs est entré en vigueur en septembre 2023. Il vise à encourager la production de semi-conducteurs dans l'Union européenne, à diminuer les dépendances extérieures et à doubler la part de marché mondiale de l'UE pour la porter à 20 % en 2030. Le règlement repose sur une structure à trois piliers : l'initiative « Semi-conducteurs pour l'Europe », destinée à soutenir la recherche, le développement et l'innovation dans l'écosystème des semi-conducteurs de l'UE et à améliorer la transition « du laboratoire à la fabrication » ; le deuxième pilier, centré sur l'amélioration de la sécurité de l'approvisionnement grâce à un nouveau cadre destiné à attirer les investissements à grande échelle dans les capacités de production ; et le dernier pilier, qui vise à mettre en place un mécanisme de coordination entre les États membres et la Commission pour surveiller l'évolution du marché et anticiper les crises. Le règlement prévoit des dérogations aux règles sur les aides d'État pour des installations clés, réaffecte 3.3 milliards EUR (0.02 % du PIB) de fonds de l'UE existants à des projets connexes, complétés par 2.9 milliards EUR, et vise à rationaliser les investissements des États membres. La Commission européenne entend mobiliser 43 milliards EUR (0.3 % du PIB) de fonds publics et privés par le biais de ce règlement, dont 11 milliards EUR proviendraient de la réorientation de financements existants. L'Union européenne accorde des subventions pour les investissements dans de nouvelles installations innovantes.

***La stratégie du Japon pour les semi-conducteurs et l'industrie numérique***

En juin 2021, les pouvoirs publics ont annoncé une nouvelle stratégie pour les semi-conducteurs et l'industrie numérique, destinée à accroître la mise au point et la production dans le pays de semi-conducteurs avancés ainsi que d'autres technologies de pointe essentielles aux transitions écologique et numérique. La stratégie révisée (en juin 2023) a pour objectif d'atteindre plus de 15 000 milliards JPY de ventes de semi-conducteurs produits sur le territoire national d'ici à 2030. Elle s'appuie sur des allègements fiscaux et des subventions pour les entreprises qui investissent dans les semi-conducteurs, les centres de données ou d'autres technologies critiques, sans fournir de données budgétaires précises sur le coût de ces mesures. Dans le cadre de cette stratégie, le Japon a soutenu la création d'une nouvelle entreprise de fabrication de puces appelée Rapidus Corp, par le biais d'aides financières publiques s'élevant à 330 milliards JPY.

Ce Coup de projecteur vise à mettre en lumière la position de l'industrie des semi-conducteurs dans les chaînes de valeur mondiales (CVM) et à identifier certaines des caractéristiques essentielles de la chaîne de valeur des semi-conducteurs elle-même. Il se fonde sur les tableaux internationaux des entrées-sorties (TIES) enrichis des semi-conducteurs de l'OCDE établis par Haramboure et al. (2023[2]). Associés à des données sur les échanges très détaillées, ces tableaux permettent de cartographier les différentes étapes de la chaîne de valeur des semi-conducteurs, révélant les possibles vulnérabilités découlant de la fragmentation de ce processus complexe de production à grande échelle[2].

L'analyse montre que l'industrie des semi-conducteurs est positionnée très en amont dans les CVM, sa production étant fortement concentrée dans quelques économies clés, principalement en Asie. Une description granulaire de la chaîne de valeur des semi-conducteurs révèle sa forte fragmentation, différents pays jouant un rôle prépondérant à différents stades de la production. Cette configuration crée des interdépendances notables entre les pays, avec à la clé de possibles vulnérabilités. Des perturbations dans l'une des principales économies de cette chaîne de valeur pourraient entraîner des pénuries généralisées, ce qui aurait des répercussions majeures sur de nombreuses industries et économies en aval dans le monde entier.

La résilience des CVM des semi-conducteurs peut être renforcée par une diversification accrue, notamment en créant de nouvelles installations de fabrication. Cette expansion nécessitera des investissements substantiels et dépendra de la disponibilité d'une main-d'œuvre qualifiée et d'une infrastructure solide. L'OCDE soutient les politiques visant à développer les talents dans le domaine des semi-conducteurs et à remédier aux pénuries de main-d'œuvre en améliorant l'enseignement des sciences, de la technologie, de l'ingénierie et des mathématiques (STIM) ainsi que la collaboration entre l'industrie et l'enseignement. Elle contribue également à l'élaboration de politiques publiques destinées à soutenir l'industrie des semi-conducteurs en garantissant l'accès à une eau ultra-pure, à des sources d'énergie fiables et à des infrastructures de transport robustes pour assurer la continuité de la production et de la distribution.

## Les semi-conducteurs sont un secteur amont clé dont la production est concentrée en Asie

Les indicateurs tirés des TIES de l'OCDE enrichis des semi-conducteurs mettent en lumière la position unique de ces composants dans les CVM. Les TIES fournissent des données économiques détaillées sur les interconnexions entre les industries et les pays et facilitent l'analyse des chaînes de valeur mondiales. Les semi-conducteurs sont des intrants essentiels pour de nombreuses industries, et leur production est située en amont et fortement concentrée en Asie.

L'industrie des semi-conducteurs est un fournisseur critique pour plusieurs secteurs clés de l'industrie manufacturière (Graphique 2.1). Les semi-conducteurs sont au moins aussi importants que l'énergie primaire dans la production de secteurs manufacturiers tels que les TIC et l'électronique, les véhicules à moteur et la fabrication de machines. Par exemple, la production d'équipements électriques nécessite la même quantité de valeur ajoutée provenant de l'industrie des semi-conducteurs et de l'énergie primaire. La fabrication des TIC et des composants électroniques est particulièrement dépendante des semi-conducteurs, dont la valeur ajoutée représente 8 % de la demande finale, une part nettement supérieure à la contribution de 2 % du secteur de l'énergie primaire. On peut en conclure qu'une perturbation de l'approvisionnement en semi-conducteurs pourrait avoir des effets négatifs notables sur l'industrie des TIC et de l'électronique et que cet approvisionnement devrait être considéré comme aussi important (si ce n'est plus) que celui en énergie primaire. En outre, contrairement à l'énergie, les semi-conducteurs sont très hétérogènes et souvent propres au produit ou à l'application de l'appareil électronique, ce qui limite leur substituabilité.

Graphique 2.1. Les semi-conducteurs sont des intrants critiques pour de nombreuses industries

Part de la valeur ajoutée des semi-conducteurs et de l'énergie primaire dans la demande finale, 2018

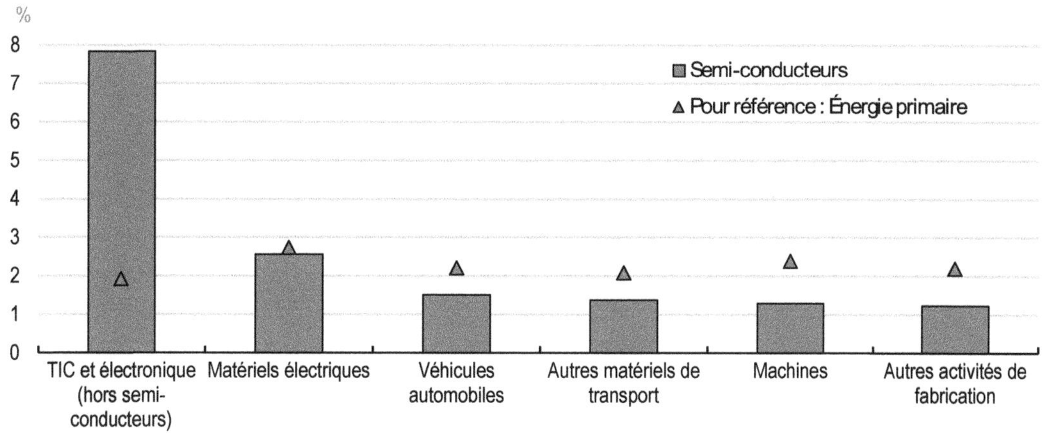


Note : L'échantillon est limité aux principales économies achetant des semi-conducteurs : Allemagne, Brésil, Canada, Chine, Corée, États-Unis, France, Hong Kong (Chine), Irlande, Italie, Japon, Malaisie, Mexique, Pays-Bas, Philippines, Royaume-Uni, Singapour, Suisse, Taipei chinois et Thaïlande. L'énergie primaire comprend le charbon, le pétrole et le gaz.
Source : Haramboure et al. (2023[1]), d'après les TIES de l'OCDE enrichis des semi-conducteurs.

L'industrie des semi-conducteurs est le secteur le plus en amont dans la base de données des TIES (Graphique 2.2). Une fois fabriqués, les semi-conducteurs sont utilisés comme intrants intermédiaires pouvant passer par de nombreuses étapes de production intermédiaires avant d'être intégrés aux produits de consommation finaux, une configuration comparable aux industries qui fournissent des matières premières, comme l'exploitation minière et les métaux de base. Comme il s'agit d'un intrant très en amont, des perturbations dans leur production pourraient avoir un impact sur une multitude d'industries en aval qui dépendent directement ou indirectement des puces[3].

L'industrie des semi-conducteurs apparaît également comme le secteur le plus concentré sur le plan géographique dans les TIES enrichis des semi-conducteurs – environ 75 % de sa valeur ajoutée est générée par cinq pays, dont quatre se trouvent en Asie (Graphique 2.2 et Graphique 2.3). Cette forte concentration en Asie résulte d'une redistribution progressive de la production de valeur ajoutée depuis 1995, du Japon et des États-Unis vers la Chine, la Corée et le Taipei chinois. Cette évolution a notamment coïncidé avec l'adoption par de nombreuses entreprises américaines de semi-conducteurs d'un modèle de production « sans usine », dans lequel les tâches de fonderie et de conditionnement sont externalisées et l'entreprise sans usine se concentre sur la conception des puces. En outre, l'importance croissante des économies d'échelle a entraîné une plus grande concentration industrielle et géographique au sein du secteur. Par conséquent, quelques entreprises de premier plan, opérant principalement dans une poignée d'économies, concentrent la part la plus importante des bénéfices enregistrés dans le secteur (McKinsey & Company, 2021[3]).

## Graphique 2.2. La production de semi-conducteurs est très en amont et fortement concentrée

Concentration (part des cinq premières économies dans la valeur ajoutée mondiale) et positionnement en amont (distance par rapport à la demande finale), 2018

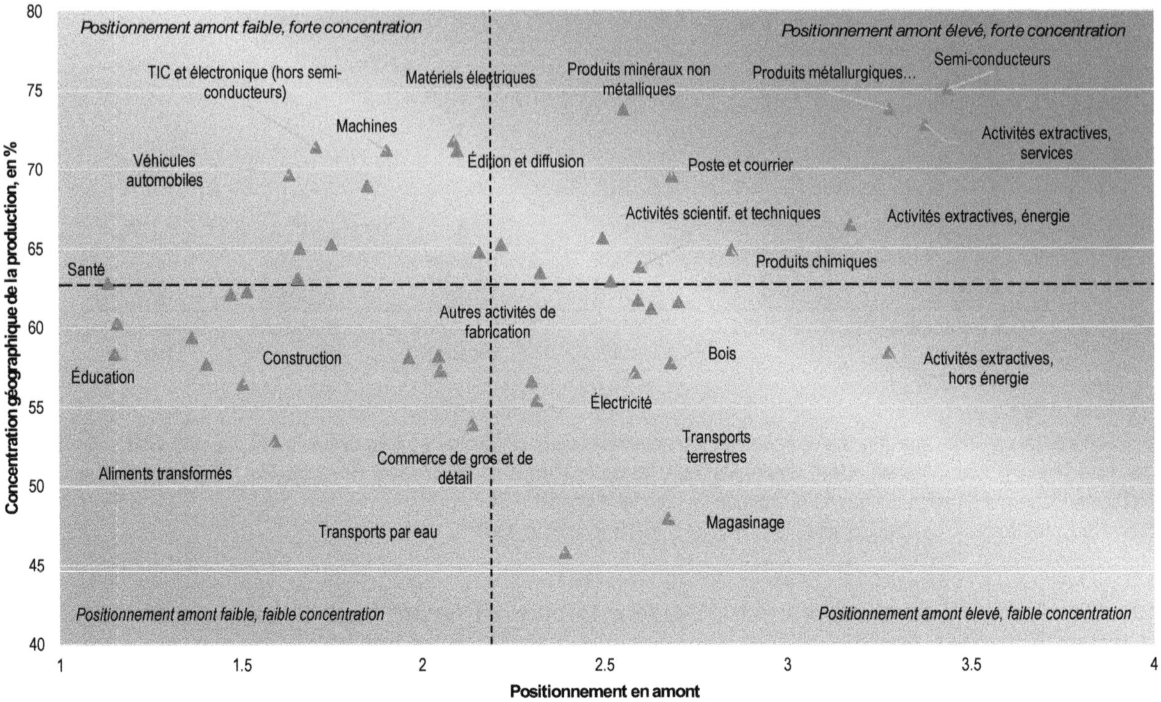


Note : La concentration géographique de la production correspond à la part des cinq premières économies dans la valeur ajoutée mondiale d'une industrie. Le positionnement en amont d'une industrie est mesuré par la distance par rapport à la demande finale (Antràs et al., 2012[4]).
Source : Haramboure et al. (2023[1]), d'après les TIES de l'OCDE enrichis des semi-conducteurs.

En outre, les puces semi-conductrices sont de différents types, remplissent des fonctions variées et leurs procédés de fabrication sont multiples. Par conséquent, la concentration est encore plus élevée pour certains types spécifiques de semi-conducteurs, comme le montrent les données sur les échanges pour 2021 du Graphique 2.3., qui mesure séparément la valeur et la concentration des exportations pour les circuits logiques, les puces mémoire et les circuits discrets, analogiques et autres)[4]. Les puces mémoire, qui représentent environ un cinquième de la valeur des exportations de semi-conducteurs, présentent une concentration particulièrement élevée, les trois premiers pays exportateurs – tous situés en Asie – captant plus de 80 % des exportations. Malgré des variations selon le type de semi-conducteur, les trois premières économies exportatrices sont toutes situées en Asie et représentent plus de 55 % des exportations de circuits logiques et de circuits discrets, analogiques et autres. La concentration est particulièrement élevée dans le cas des circuits logiques les plus perfectionnés, qui sont essentiels au développement de l'IA. Selon les données de 2022, ces circuits ne sont produits que par Samsung en Corée et TSMC au Taipei chinois (BCG et SIA, 2024[5]).

### Graphique 2.3. La Chine, la Corée et le Taipei chinois dominent différents segments de l'industrie des semi-conducteurs

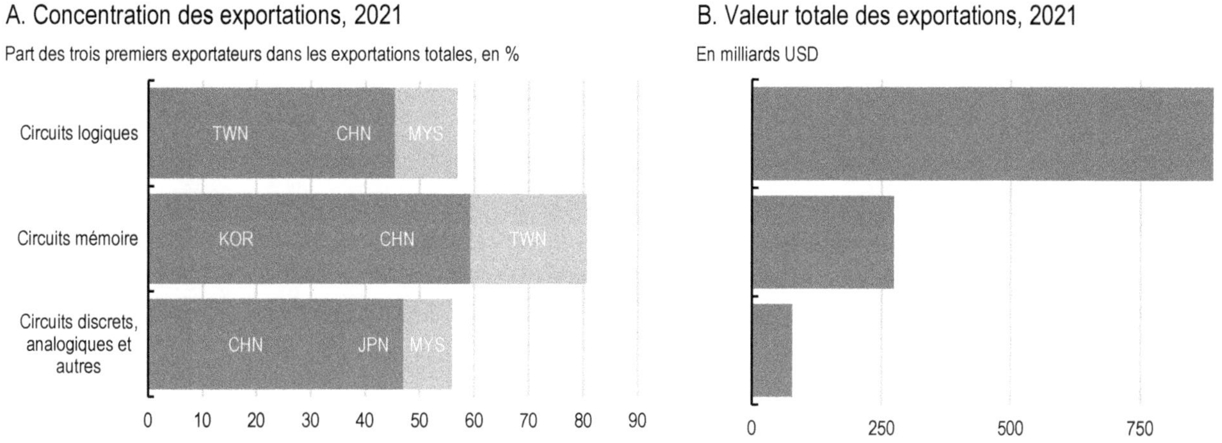


Note : Les produits du segment des semi-conducteurs logiques, mémoire, et discrets, analogiques et autres sont regroupés sous les positions 8541 et 8542 du Système harmonisé.
Source : Haramboure et al. (2023[1]) d'après COMTRADE, et calculs de l'OCDE.

Dans l'ensemble, ces données montrent que, bien que les semi-conducteurs soient largement utilisés dans de nombreuses industries, leur production est concentrée dans un nombre limité d'économies. Cela met en évidence une vulnérabilité majeure : une perturbation de leur production au sein d'une seule économie de premier plan pourrait entraîner des pénuries généralisées affectant de multiples industries et économies en aval dans le monde entier.

Des données plus complètes sont nécessaires pour mieux comprendre la chaîne de valeur complexe des semi-conducteurs, y compris les possibles goulets d'étranglement, les vulnérabilités et la substituabilité. Un document technique de l'OCDE (2024[6]) établit une taxonomie commune pour les types de semi-conducteurs et distingue quatre grandes catégories, à savoir : Circuits logiques, Circuits mémoire, Circuits analogiques et Autres, ainsi que des sous-catégories basées sur leur incidence et leurs fonctions spécifiques (Graphique 2.4). La taxonomie caractérise également les installations de la phase initiale de la production de semi-conducteurs par la catégorie détaillée de circuits produits et les technologies et équipements disponibles. Elle constitue le fondement d'une base de données évolutive sur la production de semi-conducteurs permettant de mieux appréhender le contexte général de la production de semi-conducteurs.

Graphique 2.4. Taxonomie des différents types de semi-conducteurs

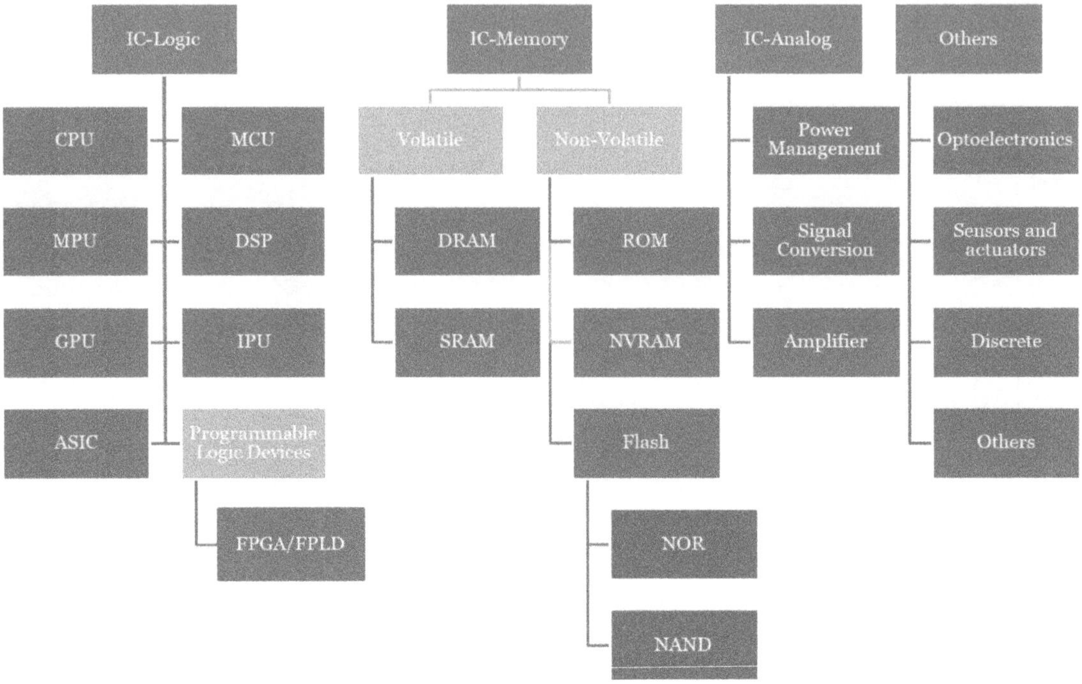


Note : IC signifie « integrated circuit » (circuit intégré) ; CPU « central processing unit » (unité centrale), MCU « microcontroller unit » (unité à microcontrôleur) ; MPU « microprocessor unit » (unité centrale à microprocesseur) ; DSP « digital signal processor » (processeur de signal numérique) ; GPU « graphics processing unit » (unité graphique) ; IPU « intelligent processing unit » (unité de traitement intelligente) ; ASIC « application-specific integrated circuit » (circuit intégré conçu pour une application spécifique) ; FPGA « field programmable gate array » (circuit intégré prédiffusé programmable) ; FPLD « field programmable logic device » (dispositif logique programmable sur site) ; DRAM « dynamic random-access memory » (mémoire vive dynamique) ; ROM « read-only memory » (mémoire morte) ; SRAM « static random-access memory » (mémoire vive statique) ; NVRAM « non-volatile random-access memory » (mémoire vive non volatile) ; NAND « Not And » (non-et) ; et NOR « Not Or » (non-ou).
Source : OCDE (2024[6]), « Chips, nodes and wafers: A taxonomy for semiconductor data collection », *Technical paper series* Éditions OCDE.

## La chaîne de valeur segmentée des semi-conducteurs crée des interdépendances entre les principales économies

Une définition structurée de l'industrie des semi-conducteurs peut clarifier les interdépendances critiques au sein de l'industrie elle-même, ainsi qu'avec les principaux intrants, technologies et biens d'équipement nécessaires à leur production.

Dans les TIES de l'OCDE enrichis des semi-conducteurs, l'industrie des semi-conducteurs est divisée en trois étapes fondamentales de production : la conception des puces, la fabrication des plaquettes et l'assemblage, le test et le conditionnement. L'industrie présente une variété de modèles économiques, certaines entreprises intégrant toutes les étapes de la production, tandis que d'autres se concentrent sur une seule d'entre elles. Les pays se sont spécialisés dans des segments spécifiques en fonction de leurs avantages comparatifs. Comme nous l'avons déjà mentionné, les entreprises américaines ont, par exemple, conservé une part notable des activités de conception (McKinsey and Company, 2022[7] ; BCG et SIA, 2024[5]). Cette spécialisation a fait naître d'importantes complémentarités entre les principales économies, notamment entre les entreprises américaines sans usine et les fonderies pures du Taipei chinois (McKinsey and Company, 2022[7])[5].

Les interdépendances au sein de l'industrie des semi-conducteurs s'étendent au-delà des trois principales étapes de production et atteignent les étapes en amont. En plus de dominer la conception des puces, les entreprises américaines ont également une nette avance dans les technologies qui rendent possible ce processus. Plus précisément, sur le marché des outils d'automatisation de la conception de circuits électroniques et de la propriété intellectuelle (IP), les entreprises ayant leur siège aux États-Unis ont réalisé 72 % des ventes mondiales en 2020 (McKinsey and Company, 2022[7]) et enregistré 68 % des recettes mondiales en 2022 (BCG et SIA, 2024[5]).

Les exportations de matières premières et de biens d'équipement nécessaires à la production et à la fabrication des semi-conducteurs sont également fortement concentrées. C'est notamment le cas des exportations de silicium, secteur dans lequel les États-Unis, l'Allemagne et la Chine jouent les premiers rôles. Les données sur les échanges montrent également que les exportations de machines destinées à la production de semi-conducteurs et à la fabrication de plaquettes sont plus concentrées que les exportations de la plupart des types de semi-conducteurs (Graphique 2.5). Les observations ponctuelles laissent à penser que le secteur des machines nécessaires à la fabrication de puces de pointe (d'une taille inférieure à 10 nm) est encore plus concentré[6]. Les États-Unis, le Japon et la Malaisie sont en tête des exportations pour ce qui est des autres équipements utilisés pour l'inspection et les tests des semi-conducteurs et des plaquettes. Cependant, le niveau d'agrégation du Graphique 2.5 masque le fait que, bien qu'ils ne figurent pas parmi les principaux pays producteurs de semi-conducteurs, certaines économies comme la Tchéquie, Israël et les Pays-Bas sont des exportateurs majeurs de divers équipements spécialisés utilisés pour fabriquer et contrôler les semi-conducteurs et les plaquettes (Haramboure et al., 2023[2]). Cela met en évidence un secteur d'expertise de niche et une capacité d'exportation importante dans ces pays, malgré le rôle plus modeste qu'ils jouent dans la production de semi-conducteurs au sens large.

### Graphique 2.5. Les exportations de machines pour semi-conducteurs sont encore plus concentrées géographiquement que les exportations de semi-conducteurs

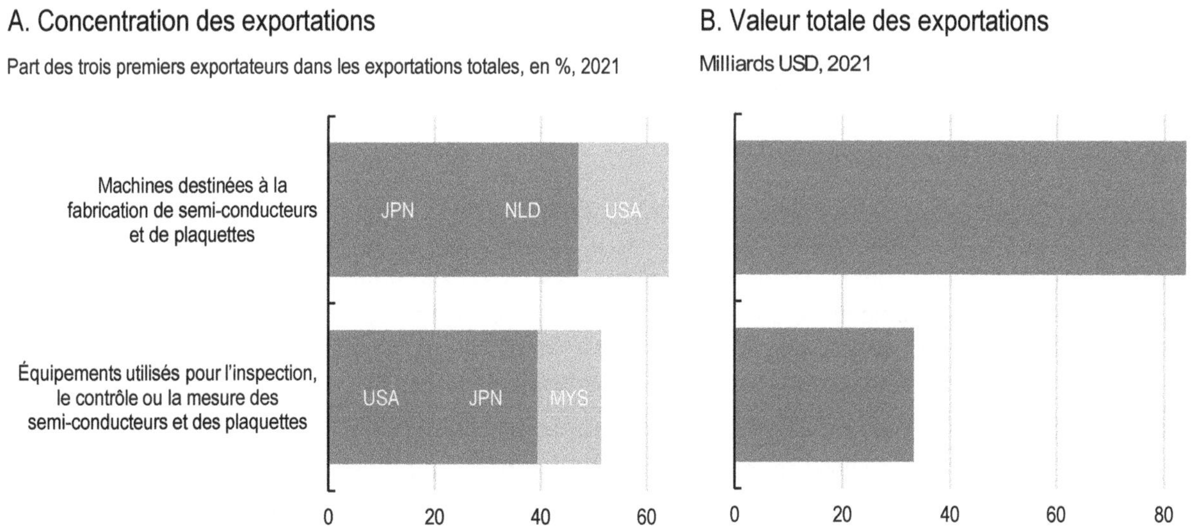


Note : Le graphique donne à voir la part des trois premiers exportateurs dans les exportations totales pour plusieurs produits de la chaîne de valeur des semi-conducteurs.
Source : Haramboure et al. (2023[2]) d'après la base de données COMTRADE, et calculs de l'OCDE.

Les perturbations peuvent avoir des effets différents en fonction de la partie de la chaîne de valeur qui est affectée. Au stade de la production, elles peuvent avoir des conséquences négatives à court terme sur de nombreux secteurs, car les semi-conducteurs ne sont pas facilement substituables et l'ajustement de l'offre est un processus lent et coûteux. L'augmentation des capacités de production nécessitant d'importants investissements initiaux, de longs délais de mise en œuvre et l'accès à un vivier de talents hautement spécialisés, l'offre ne peut s'ajuster que lentement. Ainsi, l'investissement initial nécessaire à la construction d'une usine de fabrication de semi-conducteurs de pointe est compris entre 10 et 20 milliards USD (Shih, 2021[8]). En revanche, une perturbation de l'approvisionnement en machines pourrait mettre plus de temps à affecter la production de semi-conducteurs.

La chaîne de valeur des semi-conducteurs se caractérise par une forte segmentation et une spécialisation des pays dans certaines étapes de la production en fonction de leur avantage comparatif. Par conséquent, aucun pays n'est actuellement impliqué dans toutes les étapes de la chaîne de valeur, ni n'est en mesure de produire tous les types de semi-conducteurs nécessaires aux industries en aval. Cette segmentation, conjuguée au phénomène de concentration, expose non seulement les principales économies impliquées dans la production de semi-conducteurs à des vulnérabilités dues à de possibles perturbations affectant d'autres acteurs de la chaîne de valeur, mais génèrent également un degré élevé d'interdépendance. Ce schéma est particulièrement prégnant pour la production des semi-conducteurs les plus perfectionnés.

## Renforcer la résilience de la chaîne de valeur des semi-conducteurs grâce à la collaboration internationale : le Réseau informel d'échanges sur les semi-conducteurs de l'OCDE

Alors que le nombre de mesures ciblant les semi-conducteurs augmente dans le monde entier (Encadré 2.1), il devient essentiel de partager les informations, de recenser les pratiques exemplaires et de renforcer le dialogue et la collaboration au niveau international afin d'accroître la résilience de la chaîne de valeur des semi-conducteurs. C'est pourquoi l'OCDE a créé en juin 2023 le Réseau informel d'échanges sur les semi-conducteurs, qui réunit de hauts responsables de l'action publique dans l'industrie des semi-conducteurs en vue de promouvoir le partage d'informations et de données ainsi que le dialogue sur les politiques. Le Réseau a conduit, entre autres, à l'adoption de la taxonomie commune décrite plus haut (2024[6]). Il s'attache également à améliorer la transparence à l'échelle des différents segments de la chaîne de valeur afin de mettre en place un mécanisme permettant d'anticiper et de gérer les perturbations qui l'affectent. De plus, il vise à réunir les responsables de l'action publique afin qu'ils partagent leurs expériences en matière de politiques relatives aux semi-conducteurs, notamment les enseignements qu'ils en tirent et les pratiques exemplaires.

L'OCDE soutient également l'élaboration de politiques qui favorisent l'émergence d'écosystèmes locaux des semi-conducteurs, contribuant ainsi à une chaîne de valeur mondiale des semi-conducteurs plus diversifiée et plus résiliente. Conscients de l'importance des investissements nécessaires pour construire de nouvelles capacités de fabrication, en particulier pour la production de circuits de pointe, un secteur dans lequel ils se chiffrent en dizaines de milliards USD, (Shih, 2021[8]), plusieurs pays de l'OCDE mettent en place des mesures d'incitation ambitieuses, telles que des subventions et des allègements fiscaux, afin de stimuler les investissements dans l'industrie.

Le succès des nouvelles installations manufacturières dépend fortement de la disponibilité d'une main-d'œuvre qualifiée et de l'accès aux infrastructures critiques. L'OCDE soutient les politiques visant à développer les compétences et les talents dans le domaine des semi-conducteurs afin de remédier à la pénurie croissante de travailleurs qualifiés (Deloitte, 2023[9] ; McKinsey & Company, 2024[10]). La pénurie mondiale exige de redoubler d'efforts dans l'enseignement des STIM dès le plus jeune âge, ainsi que de renforcer la collaboration entre l'industrie et les établissements d'enseignement afin de concevoir des programmes d'études appropriés pour les établissements aussi bien d'enseignement supérieur que d'enseignement et de formation professionnels. Enfin, l'OCDE aide à mettre au point des politiques publiques qui soutiennent l'industrie des semi-conducteurs en garantissant l'accès aux infrastructures critiques, notamment à l'eau et à une énergie fiable et propre, ainsi qu'à des infrastructures de transport aérien et maritime robustes.

## Références

Antràs, P. et al. (2012), « Measuring the Upstreamness of Production and Trade Flows », *American Economic Review*, vol. 102/3, pp. 412-416, https://doi.org/10.1257/aer.102.3.412. [4]

BCG et SIA (2024), *Emerging resilience in the semiconductor supply chain*. [5]

Deloitte (2023), *The global semiconductor talent shortage*. [9]

Ewing, J. et N. Boudette (2021), *A Tiny Part's Big Ripple: Global Chip Shortage Hobbles the Auto Industry*. [1]

Haramboure, A. et al. (2023), *Vulnerabilities in the semiconductor supply chain*, Éditions OCDE, Paris, https://doi.org/10.1787/6bed616f-en. [2]

Martins Guilhoto, J., C. Webb et N. Yamano (2022), *Guide to OECD TiVA Indicators, 2021 edition*, Éditions OCDE, Paris, https://doi.org/10.1787/58aa22b1-en. [11]

McKinsey & Company (2024), *How semiconductor companies can fill the expanding talent gap*. [10]

McKinsey & Company (2021), *Value creation: How can the semiconductor industry keep outperforming?*. [3]

McKinsey and Company (2022), *Strategies to lead in the semiconductor world*. [7]

OCDE (2024), « Chips, nodes and wafers: A taxonomy for semiconductor data collection », *Technical paper series* Éditions OCDE. [6]

Shih, W. (2021), *Why the global chip shortage is making it so hard to buy a PS5*, https://www.theverge.com/2021/8/31/22648372/willy-shih-chip-shortage-tsmc-samsung-ps5-decoder-interview (consulté le 25 février 2022). [8]

## Notes

[1] Direction de la science, de la technologie et de l'innovation de l'OCDE.

[2] Les tableaux internationaux d'entrées-sorties (TIES) mesurent les interdépendances économiques pour 67 pays et 45 industries entre 1995 et 2021 (Martins Guilhoto, Webb et Yamano, 2022[11]). Ils constituent l'élément principal des données sur les échanges en valeur ajoutée (TiVA). Dans les TIES de base, la fabrication de semi-conducteurs fait partie d'une industrie plus vaste, celle de la « Fabrication d'ordinateurs, d'articles électroniques et optiques » (Division 26 dans la CITI, Rév. 4). S'appuyant sur des données sur les échanges bilatéraux et sur cinq tableaux nationaux d'entrées-sorties suffisamment granulaires pour identifier les semi-conducteurs, Haramboure et al. (2023[2]) proposent un tableau TIES enrichi des semi-conducteurs, dans lequel l'industrie est divisée en deux sous-secteurs, à savoir les

« Semi-conducteurs » et les « TIC et composants électroniques (à l'exclusion des semi-conducteurs) ». Les données enrichies sont dérivées de la version 2021 des TIES et couvrent la période 1995-2018.

[3] Une dépendance directe dans une industrie désigne l'achat direct d'intrants semi-conducteurs. La dépendance indirecte, quant à elle, tient compte des semi-conducteurs achetés par les fournisseurs de l'industrie et intégrés dans les biens intermédiaires fournis à cette dernière.

[4] La concentration des exportations mesure uniquement la concentration des flux entre pays et ne prend pas en compte la production nationale.

[5] Une fonderie pure concentre ses activités sur la fabrication de dispositifs semi-conducteurs conçus par d'autres entreprises.

[6] Une entreprise néerlandaise s'appuyant sur des instruments optiques spécialisés produits par une entreprise allemande est quasiment le seul fabricant de machines de lithographie avancée, comme l'indiquent BCG et SIA (BCG et SIA, 2024[5]).

# 3. Coup de projecteur 2 : Chaînes d'approvisionnement en matières premières critiques

Przemysław Kowalski[1] et Benjamin Katz[2]

## La production des matières premières critiques se concentre principalement sur un petit nombre de sites qui dominent l'approvisionnement mondial

Le commerce des matières premières industrielles est critique pour tendre vers une économie mondiale non plus dominée par les combustibles fossiles mais stimulée par les technologies liées aux énergies renouvelables, et pour accélérer la transition numérique (par la suite, on parlera de « matières premières critiques »). L'extraction et la transformation des matières premières sont traditionnellement très concentrées à la fois sur le plan géographique et en termes de structure de propriété. Cela provient principalement du fait que, pour sa viabilité économique, le secteur des matières premières a besoin que l'extraction et la transformation se déroulent soit là où les matières premières sont les plus abondantes, soit là où les opérations sont les plus économiquement viables du fait des conditions géologiques et climatiques ainsi que des ressources et des technologies disponibles. Cependant, ces caractéristiques intrinsèques du secteur ont également pour effet d'encourager les acteurs privés et les pouvoirs publics à mettre à profit la dynamique du pouvoir de marché à des fins économiques et non économiques. Par exemple, certains producteurs importants ont imposé des restrictions à l'exportation de cobalt, de lithium et de nickel sous forme brute afin de promouvoir le développement de filières de transformation nationales (Andrenelli et al., 2024[1]). D'autres formes d'interventions de l'État sont aussi répandues dans le secteur, comme des réglementations spécifiques, de l'actionnariat public, des restrictions concernant l'investissement ou encore des aides.

La production et le commerce international de matières premières critiques se concentrent de plus en plus sur une poignée de sites d'extraction et de transformation qui représentent la majeure partie de l'approvisionnement mondial (Kowalski et Legendre, 2023[2]). Par exemple, en 2023, les trois principaux pays producteurs représentaient à eux seuls plus des deux tiers de la production mondiale de cobalt (78 %), de lithium (92 %), de nickel (65 %) et de terres rares (90 %) (Graphique 3.1). La concentration des exportations est particulièrement significative pour les formes brutes de cobalt, de manganèse, de borate, de chrome, de magnésium et de lithium (Graphique 3.2).

Graphique 3.1. Part des trois principaux pays producteurs dans la production mondiale en 2022

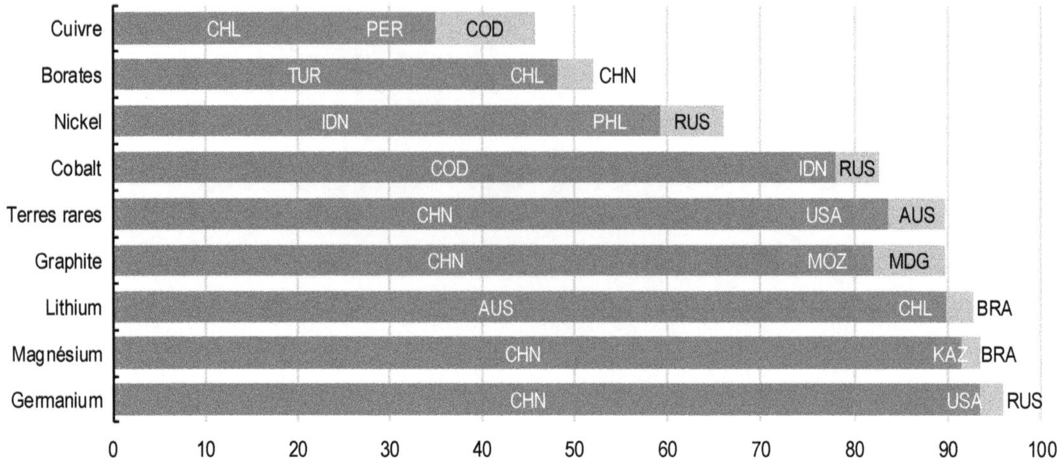


Source : OCDE, d'après US Geological Survey.

## La hausse de la demande de matières premières critiques pousse les pouvoirs publics à adopter des politiques spécifiques

On observe une progression rapide de la demande de plusieurs de ces ressources affichant une forte concentration géographique, car elles sont devenues des matières premières critiques pour les industries des transformations écologique et numérique[3]. Compte tenu de la faible croissance des capacités d'extraction et de transformation, qui nécessitent d'importants investissements à long terme et sont généralement soumises à de longs délais d'approbation, et de la répartition inégale des gisements sur la planète, les échanges et les investissements internationaux continueront, dans un avenir prévisible, à jouer un rôle clé dans l'approvisionnement en matières premières. Par conséquent, les politiques des différents pays producteurs auront vraisemblablement toujours d'importantes répercussions sur le plan international. En outre, l'essor de la demande de matières premières industrielles s'inscrit dans un contexte de montée des tensions géopolitiques et des rivalités stratégiques (Encadré 3.1).

Les restrictions aux exportations de matières premières, dont l'objectif est de favoriser les utilisateurs nationaux en aval au détriment des utilisateurs étrangers, comptent parmi les formes les plus controversées d'intervention des pouvoirs publics. Saper la viabilité économique et par là même diminuer la production des industries extractives nationales entrave l'approvisionnement mondial des matières concernées. De plus, si l'exportateur contrôle une part importante du marché, les restrictions à l'exportation font monter les prix mondiaux, ce qui a pour effet d'inciter les autres exportateurs à imposer des mesures similaires[4] et, par ricochet, d'amplifier les effets négatifs sur les marchés internationaux.

## Graphique 3.2. Concentration des exportations mondiales de matières premières critiques dans les pays exportateurs

Indice mondial de concentration IHH des exportations de matières premières critiques dans les pays exportateurs, pour les produits et les secteurs

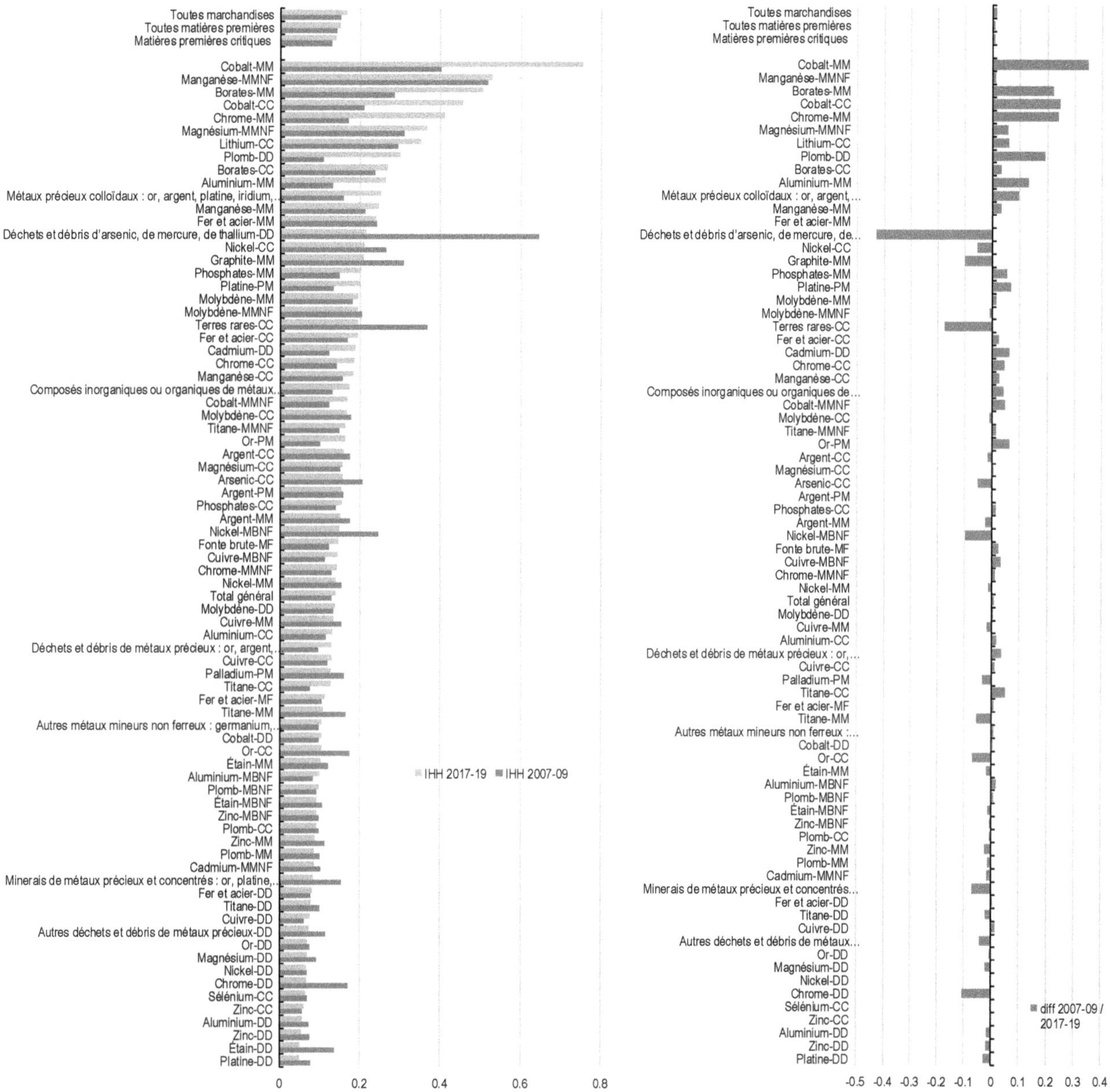


Note : Les différents secteurs auxquels les produits (matières premières critiques) spécifiques peuvent appartenir sont désignés par les acronymes suivants : PM – pierres et métaux précieux ; MM – minerais et minéraux ; CC – produits chimiques et composés ; MMNF – métaux mineurs non ferreux ; MBNF – métaux de base non ferreux ; DD – déchets et débris ; et MF – métaux ferreux.
Source : Calculs de l'OCDE fondés sur des données de la BACI.

L'édition la plus récente de l'*Inventaire des restrictions à l'exportation de matières premières industrielles de l'OCDE*, qui couvre la période 2009-22, montre que les restrictions ont plus que quintuplé au cours des années considérées (Graphique 3.3). Sur la période 2020-22, environ 13 % du commerce mondial de matières premières industrielles autres que les déchets et débris étaient soumis à au moins une mesure de ce type.

Les restrictions à l'exportation de minerais et minéraux, c'est-à-dire des matières premières situées en amont dans les chaînes d'approvisionnement en matières premières critiques, ont augmenté plus rapidement que celles imposées dans d'autres segments de cette même chaîne d'approvisionnement. Cela s'inscrit dans la tendance générale d'une concentration croissante de la production, des importations et des exportations de produits en amont, et cadre dans l'ensemble avec la logique de soutien aux industries nationales en aval par le biais de restrictions aux exportations de produits en amont.

Le recours à des restrictions quantitatives à l'exportation, telles que les *interdictions d'exportation* ou les *quotas*, a également augmenté, en particulier au cours des dernières années de la période couverte par l'Inventaire. Il est intéressant de noter que les *interdictions d'exportation*, qui sont le type de restrictions à l'exportation le plus strict, sont en nette progression depuis 2020 et constituaient les mesures de restrictions les plus utilisées en 2022.

### Graphique 3.3. Nombre de produits (matières premières) soumis à au moins une mesure de restriction à l'exportation

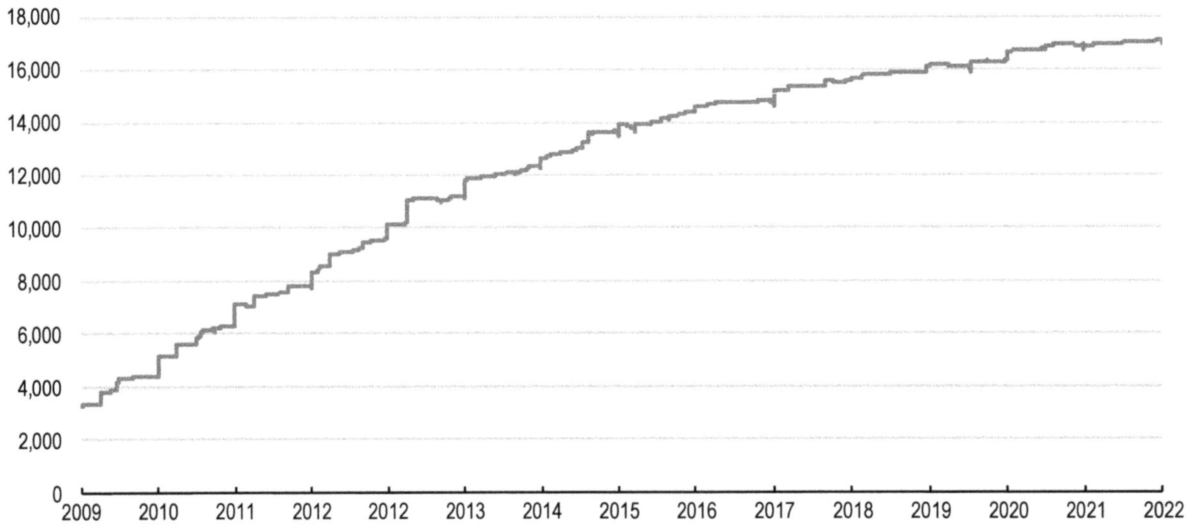


Note : Le nombre de mesures mises en place, tous types confondus, pour l'ensemble des matières premières étudiées et dans tous les pays qui les appliquent tient compte du nombre de mesures en place au début de la période, ainsi que des ajouts et suppressions.
Source : OCDE (2024[3]), *Inventaire des restrictions à l'exportation de matières premières industrielles de l'OCDE*.

Le recours croissant aux restrictions à l'exportation, qui deviennent à la fois de plus en plus fréquentes et de plus en plus prohibitives, laisse entrevoir une influence grandissante de ces mesures sur les marchés internationaux ainsi que sur la disponibilité et le prix des matières premières industrielles, avec de possibles retombées négatives en cascade sur les chaînes de valeur mondiales.

Des études de cas récentes portant sur certains effets économiques des restrictions à l'exportation de cobalt, de lithium et de nickel mises en place par la République démocratique du Congo (RDC), l'Argentine, le Zimbabwe et l'Indonésie montrent qu'il est probable que les effets intérieurs positifs (réels ou perçus) dans les pays appliquant ces restrictions se produisent au détriment de leurs partenaires commerciaux. Les interdictions introduites par la RDC et l'Indonésie semblent avoir entraîné une réorientation significative des exportations de formes primaires de cobalt et de nickel depuis les marchés internationaux vers la transformation sur le territoire national et ont été corrélées à des investissements dans les capacités nationales en aval qui ont mené à une hausse de la production en aval. Toutefois, l'impact de ces mesures a également été limité. Si les restrictions à l'exportation ont pu jouer un rôle en aidant la RDC et l'Indonésie à se détourner de l'exportation de produits primaires, les répercussions en aval ont plutôt concerné les étapes de transformation qui viennent juste après et ont principalement impliqué des investisseurs chinois qui contrôlaient déjà de larges pans de ces segments de la chaîne de valeur. Dans le cas de l'Argentine, il semble que les taxes à l'exportation ont aidé le pays à augmenter ses recettes fiscales, mais aussi entraîné une diminution des exportations.

Ces études de cas illustrent également certains des mécanismes qui ont permis à la Chine de dominer le secteur de l'extraction et de la transformation de plusieurs matières premières critiques. Les investissements dans la transformation en aval, tant en RDC qu'en Indonésie, ont été principalement le fait d'investisseurs chinois. L'interdiction des exportations de lithium primaire décidée par le Zimbabwe s'est également accompagnée de l'annonce d'une augmentation des investissements chinois dans la transformation en aval. Avant les interdictions, la Chine était déjà très présente en tant que propriétaire d'installations minières (en RDC) et en tant qu'importateur et transformateur de premier plan de matières premières (en provenance de la RDC, de l'Indonésie et du Zimbabwe). Les investisseurs chinois étaient donc des candidats naturels pour participer à l'expansion de l'industrie en aval. Par ailleurs, les investissements nécessaires pour les activités de transformation en aval étaient considérables et, en raison de la forte volatilité des prix des produits de base, très risqués. Les représentants du secteur minier font valoir que la plupart des institutions financières commerciales des pays de l'OCDE ont de plus grandes difficultés à financer des projets aussi importants et risqués que les acteurs chinois soutenus par l'État[5]. Il ressort également de certaines évaluations que seule une partie de la valeur ajoutée résultant de l'expansion des activités en aval a profité aux économies hôtes, et que certains de ces projets ont eu des résultats environnementaux, sociaux et de gouvernance (ESG) mitigés (Andrenelli et al., 2024[1]). En outre, ces politiques pourraient décourager les investissements dans des secteurs qui ne dépendent pas des ressources naturelles du pays (Economist, 2024[4]).

## Exigences en matière d'approvisionnement responsable, dépendances commerciales et sécurité de l'approvisionnement pour les matières premières critiques

L'exemple de la chaîne d'approvisionnement en tantale illustre l'interaction complexe qui existe entre les exigences en matière d'approvisionnement responsable, les dépendances commerciales et la sécurité de l'approvisionnement pour les matières premières critiques (Encadré 3.1). La capacité des entreprises qui s'approvisionnent en minéraux à analyser, dans le cadre de leurs programmes de diligence raisonnable, leurs chaînes d'approvisionnement – en atténuant les risques dans la mesure du possible et en ne rompant des relations d'affaires qu'en cas de nécessité – est d'une importance capitale. Ces programmes comprennent des initiatives soutenues par l'industrie, la société civile ou les pouvoirs publics qui visent à aider les entreprises à faciliter la détection des risques ou la traçabilité en amont, ou à réaliser des audits des fonderies ou des raffineries. Lorsqu'il fonctionne bien, le devoir de diligence aide les entreprises à repérer et à atténuer les risques liés à la chaîne d'approvisionnement à un stade précoce, avant qu'ils ne s'aggravent, ou dans le cas de risques plus graves, à cesser leurs relations d'affaires de manière plus sélective, sans pour autant faire une croix sur des pays, des régions ou des types d'approvisionnement dans leur ensemble.

Un devoir de diligence mis en œuvre avec discernement peut également contribuer à alerter le marché et les décideurs sur les risques inhérents à l'approvisionnement, qu'ils soient réels ou potentiels. Par exemple, une entreprise cherchant à évaluer le risque associé au commerce illicite de tantale dans la région des Grands Lacs en Afrique centrale et orientale observera probablement que l'absence de données fiables et détaillées rend presque impossible une évaluation indépendante de la production et des exportations nationales de ce métal. Il est primordial de combler ces déficits de connaissances, à la fois pour atténuer les risques liés à la chaîne d'approvisionnement et pour garantir un approvisionnement stable en tantale au fil du temps.

Le devoir de diligence peut également contribuer à renforcer la transparence sur les risques liés à la propriété effective des mines ou d'autres nœuds de la chaîne d'approvisionnement, ce qui intéresse de plus en plus les décideurs publics préoccupés par les dépendances commerciales. L'augmentation des flux commerciaux et du niveau de formalité de la chaîne d'approvisionnement en tantale provenant de la région des Grands Lacs, associée à l'émergence de programmes de diligence raisonnable mis en œuvre depuis 2010, peut également apporter des éclairages sur les moyens de favoriser un approvisionnement plus stable d'autres matières premières critiques présentant des profils de risque similaires.

En l'absence d'un devoir de diligence solide, les entreprises font face à une alternative déplaisante : s'exposer à des perturbations commerciales ou prendre le risque de contribuer au financement de conflits et ainsi s'exposer à des risques de non-conformité juridique. En outre, certains s'inquiètent d'une possible inégalité des conditions de concurrence lorsque les entreprises ne sont pas toutes soumises à un devoir de diligence ou ne cherchent pas toutes à s'y conformer. Alors que les tensions géopolitiques s'accentuent, que les ressources naturelles constituent souvent un facteur de conflits dans le monde et que les exigences réglementaires et commerciales en matière de conduite responsable des entreprises gagnent du terrain, il est probable que ce problème devienne plus prégnant. Par conséquent, il peut être intéressant pour les décideurs publics désireux de mieux absorber les chocs à court terme et de stabiliser leur approvisionnement en matières premières critiques à partir de diverses sources à moyen et plus long termes de renforcer le cadre d'action à l'appui de l'exercice d'un devoir de diligence efficace.

Le *Guide OCDE sur le devoir de diligence pour des chaînes d'approvisionnement responsables en minerais provenant de zones de conflit ou à haut risque* (ci-après dénommé le « Guide de l'OCDE ») reconnaît que les programmes de diligence raisonnable jouent un rôle dans la mise en commun des ressources et des moyens destinés à soutenir le devoir de diligence, mais que la responsabilité ultime de ce dernier incombe aux entreprises de la chaîne d'approvisionnement. Dans ce contexte, la situation actuelle exige des entreprises qu'elles se montrent plus actives et investies, et moins désinvoltes, à cet égard. Par exemple, au lieu de s'appuyer uniquement sur les programmes de diligence raisonnable pour filtrer leur approvisionnement, les fonderies devraient utiliser les informations générées par ces programmes pour aborder des questions avec leurs fournisseurs. Seule une approche active permettra aux fonderies d'établir – et, si nécessaire, de rompre – des relations de manière ciblée, plutôt qu'à l'échelle régionale. Les programmes de diligence raisonnable, avec le soutien et les orientations des pouvoirs publics et des entreprises qui les utilisent le cas échéant, pourraient renforcer la traçabilité des minéraux afin de garantir une meilleure protection contre la contrebande. Dans certains cas, rendre la gouvernance des programmes plus inclusive, plus transparente et plus réactive renforcerait la confiance et fournirait davantage de pistes pour remédier aux lacunes, d'autant plus que certains programmes sont essentiellement pilotés par l'industrie et que leurs informations ne sont pas mises à jour en temps utile.

**Encadré 3.1. Concilier approvisionnement responsable et sécurité des approvisionnements d'une matière première critique : l'exemple du tantale**

Depuis plus de 25 ans, l'approvisionnement en tantale en provenance de la région des Grands Lacs africains, en Afrique centrale et orientale, s'inscrit dans un contexte de financement de conflits, de violations des droits humains et des risques afférents à la gouvernance. Le tantale est essentiel pour les industries mondiales de l'électronique, de l'aérospatiale et de l'énergie nucléaire. Son ajout récent aux listes de minéraux critiques des États-Unis et de l'Union européenne souligne son importance stratégique. Toutefois, la sécurité de son approvisionnement est encore souvent perçue comme distincte des attentes en matière d'approvisionnement responsable, malgré les risques élevés de perturbations dans les zones de production. L'offre de tantale est fortement concentrée dans une région en proie aux conflits et à l'instabilité. La République démocratique du Congo (RDC) représente à elle seule 41 % de la production minière. La région des Grands Lacs, dont la RDC fait partie, assure plus de la moitié de la production mondiale (Padilla et Nassar, 2023[5]) (62 % en 2023) (USGS, 2024[6]).

L'exposition du minéral aux conflits a déjà affecté sa production et son commerce dans le passé. Fin 2010, la RDC a interdit sa production et son exportation pendant six mois en raison de l'implication de groupes armés (de Koning, 2011[7]). Récemment, au Myanmar, la United Wa State Army a interdit les exportations d'étain, officiellement pour améliorer la gouvernance d'un secteur minier présentant des risques similaires sur le plan de la gouvernance et de l'environnement. Il apparaît également que la nature hautement informelle de la chaîne d'approvisionnement a bridé les investissements, la production et les échanges pendant la période précédant 2010 au cours de laquelle les groupes armés étaient les plus actifs.

Toutefois, l'interdiction de l'exploitation minière en RDC était probablement plus une mesure prise en réponse à un conflit associé à la chaîne d'approvisionnement en tantale qu'une composante intrinsèque dudit conflit. Elle a coïncidé avec les efforts déployés pour rompre le lien existant entre le commerce de tantale et les conflits, les violations des droits humains et la corruption. Ces efforts ont abouti à l'adoption de réglementations en RDC, au Rwanda et aux États-Unis (et finalement dans l'Union européenne), à la signature d'accords régionaux entre les États membres de la Conférence internationale sur la région des Grands Lacs, ainsi qu'à l'établissement de normes internationales sur la conduite responsable des entreprises, telles que le Guide de l'OCDE. Le London Metal Exchange (LME), la Bourse des métaux de Londres, impose également un devoir de diligence fondé sur le Guide de l'OCDE pour l'étain, souvent extrait du même minerai que le tantale dans la région des Grands Lacs, ainsi que pour six autres métaux non ferreux, dont des produits essentiels tels que le cobalt, le cuivre et le nickel. Ces initiatives visent à encourager un commerce responsable à l'appui de la prospérité et de la stabilité dans les régions à haut risque, mais elles appellent également en dernier recours à cesser les relations d'affaires de manière ciblée dans plusieurs situations. Tel est le cas lorsque les tentatives de prévention ou d'atténuation des impacts graves s'avèrent infructueuses, lorsque les impacts négatifs sont irrémédiables, en l'absence de perspective raisonnable de changement, et lorsque des risques ou des effets négatifs graves sont repérés et que l'entité à leur origine impact ne prend pas immédiatement des mesures pour les prévenir ou les atténuer.

Dans le cas du tantale, l'approvisionnement responsable, s'il est bien mené, semble contribuer à la sécurité de l'approvisionnement. Toutefois, lorsque les entreprises répondent aux attentes dans ce domaine sans adopter une approche fondée sur le risque, et lorsqu'elles apportent des nuances ou n'ont pas la capacité de faire la distinction entre différentes relations d'affaires, le risque de perturbation s'accroît. La qualité du devoir de diligence peut être déterminante à cet égard, notamment en ce qui concerne l'efficacité avec laquelle les entreprises de la chaîne d'approvisionnement sont en mesure de répondre aux attentes de la réglementation et du marché en matière de conduite responsable des entreprises, tout en évitant de cesser toutes leurs relations d'affaires. Au cours de la période pendant laquelle les programmes de diligence raisonnable ont été établis et déployés à grande échelle pour aider les entreprises à respecter les exigences imposées à la suite de l'interdiction prononcée par la RDC en 2010-11, la production de tantale dans la région des Grands Lacs a augmenté pour atteindre plusieurs fois ses niveaux d'avant 2010. En outre, même si les données fiables sur les réserves sont rares et qu'elles tendent à être insuffisamment étudiées et mal documentées (Schütte et Näher, 2020[8] ; BGR, 2021[9]), les données de production officielles publiées depuis 2010 montrent que la RDC est le premier producteur de la région.

L'émergence de programmes de diligence raisonnable a également coïncidé avec l'augmentation significative de la part que représente la région dans l'approvisionnement mondial, une répartition plus diverse de la production officielle au sein de la région des Grands Lacs et une qualité accrue des données sur les échanges malgré la persistance de quelques lacunes importantes. L'analyse des statistiques sur le commerce du tantale montre également que « la structure du marché des pays fondeurs s'approvisionnant en tantale dans la région [est passée] d'une situation de monopsone dominée par la Chine, qui prévalait de 2006 à 2012, à un marché international moins concentré entre 2013 et 2017 » (traduction libre) (Schütte, 2019[10]). À moyen et long termes, le devoir de diligence semble être associé à une meilleure stabilité de l'approvisionnement en tantale. Cette évolution peut résulter d'un renforcement de la surveillance et de la transparence, d'une hausse du niveau de formalité et des investissements, d'une diminution des craintes d'atteinte à la réputation ou d'une réduction des risques que des événements liés à des conflits ou à des différends politiques limitent l'approvisionnement de manière imprévisible.

Lorsque les entreprises se trouvent dans l'incapacité d'atténuer efficacement les risques, elles peuvent estimer ne pas être en position de maintenir des relations d'affaires de manière responsable et se sentir obligées de se retirer complètement de certains pays ou de certaines régions pour éviter d'enfreindre la réglementation ou d'aller à l'encontre des attentes du marché en matière de conduite responsable. Ce scénario s'accompagne d'un risque de perturbations accru pour l'approvisionnement responsable. Il convient de rappeler qu'à la suite de l'introduction d'exigences en matière d'approvisionnement responsable par les États-Unis en 2010, l'approvisionnement en tantale et autres minéraux par les pays de l'OCDE en provenance de la région a commencé par chuter de façon significative dans ce que certains ont appelé un « embargo » *de facto*. Bien que, depuis lors, les programmes de diligence raisonnable aient aidé le secteur mondial du tantale à s'approvisionner de manière responsable dans la région, ils ont été mis à rude épreuve par la résurgence des conflits, et l'on s'inquiète de plus en plus de la capacité des entreprises à les utiliser efficacement pour limiter les risques connexes au sein de leurs chaînes d'approvisionnement. En particulier, l'expansion récente du groupe rebelle M23 et d'autres groupes armés non étatiques sur de vastes étendues de territoire dans la province du Nord-Kivu, en RDC, a de nouveau mis les marchés mondiaux au défi de justifier d'un approvisionnement responsable en tantale, en plus de l'étain, du tungstène et de l'or.

L'une des principales difficultés réside dans le manque de données fiables et comparables, notamment en ce qui concerne le commerce intrarégional à différentes étapes de la chaîne d'approvisionnement. Et l'absence d'informations sur la teneur en tantale de la production mixte de minéraux vient encore compliquer la question. La Conférence internationale sur la région des Grands Lacs a pour mandat d'établir une base de données sur les pratiques de contrebande. La diplomatie internationale pourrait intensifier les efforts afin de rendre cette base de données opérationnelle et d'améliorer l'accès du public aux données relatives à la production et au commerce. La diplomatie et les mesures de renforcement de la confiance seront également essentielles pour s'attaquer aux causes profondes du conflit.

Les inquiétudes suscitées par les difficultés liées à l'exercice du devoir de diligence dans le contexte de l'augmentation des conflits et des risques de contrebande dans la région des Grands Lacs soulignent la nécessité d'affronter les défis actuels (US State Dept., 2024[11]). Le contrôle par des groupes armés non étatiques d'un certain nombre de sites miniers artisanaux très productifs et de centres de négoce dans les régions riches en tantale a incité les responsables des programmes de diligence raisonnable en amont à suspendre les efforts de diligence raisonnable et de traçabilité en 2023 et 2024. Ce désengagement était peut-être la seule solution pour gérer les risques, mais il a perturbé le commerce formel du tantale et entraîné une augmentation de la contrebande (Conseil de sécurité de l'ONU, 2024[12]). L'incidence de cette dernière a également suscité des inquiétudes quant à l'infiltration potentielle de minéraux liés à des conflits ou à d'autres risques dans les circuits commerciaux légitimes de la région. Il est concevable qu'à court terme, plus la contrebande prospérera, moins les faiblesses en matière de diligence raisonnable risqueront de provoquer des chocs commerciaux, dans la mesure où les échanges se poursuivront sous des apparences de légitimité. L'incertitude sur le marché persisterait toutefois, avec des résultats imprévisibles. Les fonderies de tantale expriment déjà des doutes quant à la viabilité d'un approvisionnement continu, dans le respect des exigences réglementaires et commerciales, dans la région des Grands Lacs, ce qui laisse entrevoir la possibilité d'un choc plus grave.

Une plus grande fragmentation de l'approvisionnement en provenance de la région des Grands Lacs pourrait déboucher sur une situation susceptible d'accroître le risque de choc. Si les entreprises qui subissent une plus grande pression réglementaire ou réputationnelle pour s'approvisionner de manière responsable cessent leurs relations d'affaires, tandis que des entreprises ou des fournisseurs moins scrupuleux poursuivent leurs activités sans s'attaquer véritablement aux risques, la concentration du marché et les vulnérabilités de la chaîne d'approvisionnement pourraient augmenter et l'effet de levier des entreprises qui tentent de s'approvisionner de manière responsable pourrait diminuer. Cette dynamique pourrait déclencher un nivellement par le bas de l'approvisionnement en tantale et autres minéraux critiques, tout en facilitant les comportements économiques coercitifs à l'égard de matières premières critiques telles que le tantale.

Mettre l'accent sur des normes de conduite responsable qui préconisent des réponses proportionnées aux risques, la progressivité des améliorations et l'adaptation de l'atténuation des risques aux circonstances pourrait aider les entreprises à rester engagées dans des zones à haut risque sans compromettre leur compétitivité. Pour préserver l'égalité des conditions de concurrence, il importera d'encourager les entreprises à adhérer largement aux normes internationales en matière d'approvisionnement responsable, et à coopérer dans le cadre de ces normes. Cette approche pourrait prendre la forme d'une mise en avant des avantages de la conduite responsable des entreprises pour les pays producteurs de minéraux présentant divers profils de risque, par le biais de la diplomatie sur les matières premières critiques, et d'une intégration de dispositions connexes dans les accords nouveaux et futurs sur l'approvisionnement en minéraux critiques.

## Les pays sont de plus en plus nombreux à adopter des programmes d'action pour renforcer la sécurité de l'approvisionnement en matières premières critiques

La concentration de la production et du commerce de plusieurs matières premières critiques est une source d'inquiétude croissante qui amène les pouvoirs publics à envisager différents types de mesures. Premièrement, étant donné qu'aucun pays ne possède tous les minéraux nécessaires à l'ensemble des usages et compte tenu des ramifications mondiales d'un éventuel blocage de la transition écologique, il existe de solides arguments en faveur d'une coopération plurilatérale ou multilatérale en vue de limiter l'utilisation des restrictions à l'exportation. Ces solutions coopératives visant à atténuer les restrictions à l'exportation préjudiciables nécessiteront notamment une meilleure compréhension des motivations des pays qui les utilisent et de leur impact sur leurs partenaires commerciaux, ainsi que de la manière dont les différents intérêts pourraient être conciliés dans le cadre d'un accord multilatéral efficace.

Deuxièmement, plusieurs pays mettent en place différents programmes d'action nationaux, bilatéraux ou plurilatéraux. En outre, les nouveaux partenariats intergouvernementaux, auxquels le secteur privé peut également participer, tels que le Partenariat pour la sécurité des minéraux et les partenariats de l'Union européenne pour la diplomatie des matières premières, sont des initiatives qui visent à garantir un approvisionnement stable en matières premières critiques à partir de sources étrangères fiables. Un élément relativement nouveau de ces approches est qu'elles reconnaissent explicitement le fait qu'un approvisionnement stable et résilient en minéraux critiques devrait aller de pair avec la création de valeur ajoutée et un développement économique plus large dans les pays riches en ressources.

De manière plus générale, investir davantage, notamment dans les infrastructures d'extraction et de transformation, dans le respect des exigences élevées sur le plan des facteurs environnementaux, sociaux et de gouvernance, y compris par la mise en œuvre des normes de l'OCDE sur la conduite responsable des entreprises dans le secteur des minéraux, peut aider à concrétiser les avantages économiques associés à l'accroissement de la valeur ajoutée nationale sans compromettre la stabilité des marchés mondiaux.

## Références

AIE (2021), *Net Zero by 2050: A Roadmap for the Global Energy Sector*, Agence internationale de l'énergie, https://www.iea.org/reports/net-zero-by-2050 (consulté le 8 décembre 2021). [13]

Andrenelli, A. et al. (2024), *Trade and domestic effects of export restrictions: insights from exploratory case studies of cobalt, lithium, and nickel*. [1]

BGR (2021), *Tantalum - Sustainability Information*, https://www.bgr.bund.de/EN/Gemeinsames/Produkte/Downloads/Informationen_Nachhaltigkeit/tantal_en.html;jsessionid=14823F18901B02EE2834349369ECF9EF.internet001?nn=1548104. [9]

Conseil de sécurité de l'ONU (2024), *Rapport final du Groupe d'experts sur la République*, https://docs.un.org/fr/s/2024/432. [12]

de Koning, R. (2011), *Conflict Minerals in the Democratic Republic of the Congo: Aligning Trade and Security Interventions*, Stockholm International Peace Research Institute, https://www.sipri.org/sites/default/files/files/PP/SIPRIPP27.pdf. [7]

Economist (2024), *The false promise of Indonesia's economy*, https://www.economist.com/finance-and-economics/2024/02/08/the-false-promise-of-indonesias-economy. [4]

Kowalski, P. et C. Legendre (2023), *Raw materials critical for the green transition: Production, international trade and export restrictions*, Éditions OCDE, Paris, https://doi.org/10.1787/c6bb598b-en. [2]

OCDE (dir. pub.) (2024), *OECD Inventory on Export Restrictions on Industrial Raw Materials*, https://www.oecd.org/fr/themes/restrictions-a-l-exportation-de-matieres-premieres-critiques.html. [3]

Padilla, A. et N. Nassar (2023), « Dynamic material flow analysis of tantalum in the United States from 2002 to 2020 », *Resources, Conservation and Recycling*, vol. 190, https://www.sciencedirect.com/science/article/pii/S0921344922006152?via%3Dihub. [5]

Schütte, P. (2019), « International mineral trade on the background of due diligence regulation: a case study of tantalum and tin supply chains from East and Central Africa », *Resources Policy*, vol. 62, https://doi.org/10.1016/j.resourpol.2018.11.017. [10]

Schütte, P. et U. Näher (2020), « Tantalum supply from artisanal and small-scale mining: A mineral economic evaluation of coltan production and trade dynamics in Africa's Great Lakes region », *Resources Policy*, vol. 69, https://doi.org/10.1016/j.resourpol.2020.101896. [8]

US State Dept. (2024), *Statement of Concern Related to Certain Minerals Supply Chains from Rwanda and Eastern Democratic Republic of the Congo Contributing to the Ongoing Conflict*, https://www.state.gov/statement-of-concern-related-to-certain-minerals-supply-chains-from-rwanda-and-eastern-democratic-republic-of-the-congo-contributing-to-the-ongoing-conflict/. [11]

USGS (2024), *Mineral Commodity Summaries 2024; Tantalum*, https://pubs.usgs.gov/periodicals/mcs2024/mcs2024-tantalum.pdf." [6]

## Notes

[1] Direction des échanges et de l'agriculture (TAD), OCDE.

[2] Direction des affaires financières et des entreprises, OCDE.

[3] Voir, par exemple, AIE (2021[13]).

[4] Les incitations à imposer des restrictions à l'exportation traduiraient des inquiétudes quant à la viabilité économique des utilisateurs nationaux de matières premières critiques en aval, pour lesquels les intrants deviennent plus chers. Cela dit, dans certains pays et secteurs, d'autres exportateurs peuvent être poussés à saisir l'occasion d'une hausse des prix mondiaux pour exporter davantage.

[5] Cette question a été identifiée comme l'un des principaux défis pour les entreprises occidentales actives dans les industries d'extraction et de transformation des matières premières critiques lors des récents débats du Forum de l'OCDE sur les chaînes d'approvisionnement critiques qui s'est tenu en mars 2024.

# 4. L'impératif de la sécurité énergétique : préoccupations anciennes, défis nouveaux

Keisuke Sadamori[1]

## Introduction

L'Agence internationale de l'énergie (AIE) est un organe autonome du système de l'OCDE, créé en 1974 pour garantir des approvisionnements en énergie fiables et abordables. Son mandat, essentiellement axé sur le pétrole au départ, a été progressivement élargi à tous les types de sources d'énergie et de technologies. L'AIE est au cœur du dialogue mondial sur l'énergie. Elle publie des analyses, des données, des recommandations d'action et des solutions concrètes pour aider les pays à bénéficier d'une énergie sûre et durable et à progresser en toute sécurité dans la transition vers les énergies propres. Elle a aussi pour mission d'assurer la sécurité énergétique, c'est-à-dire non seulement un accès ininterrompu à l'énergie, mais aussi des approvisionnements énergétiques sûrs à des prix abordables. L'accessibilité financière de l'énergie est une préoccupation de longue date, mais elle est revenue au premier plan des préoccupations des pouvoirs publics à la suite de la crise énergétique mondiale provoquée par l'invasion à grande échelle de l'Ukraine par la Russie.

Aujourd'hui, 50 ans après le premier choc pétrolier ayant conduit à la création de l'AIE, le monde est de nouveau confronté à une période de fortes tensions géopolitiques et d'incertitudes s'agissant du secteur de l'énergie. Il existe des parallèles entre ce moment passé et notre époque actuelle, par exemple la priorité donnée aux approvisionnements en pétrole sur fond de crise au Moyen-Orient, mais il y a aussi des différences fondamentales. Le système énergétique mondial a considérablement changé depuis le début des années 70, et il continue d'évoluer à un rythme rapide. Les transitions vers les énergies propres, les tensions géopolitiques et la croissance des cybermenaces ont élargi le champ de ce qui constitue la sécurité énergétique telle qu'on l'entend désormais.

Les questions de sécurité énergétique sont de plus en plus liées à la progression rapide vers les énergies propres. Les transitions énergétiques sont une occasion de bâtir un système énergétique plus sûr et plus durable qui limite l'exposition à la volatilité des prix de l'énergie et aide à réduire la facture énergétique, mais rien ne garantit que l'évolution se fera sans heurt. En effet, aller vers des systèmes énergétiques propres constitue une transformation d'une ampleur sans précédent, qui nécessitera des pouvoirs publics qu'ils agissent de façon proactive pour gérer efficacement et en temps opportun les risques associés à l'émergence d'une économie fondée sur les énergies propres. Le concept de sécurité énergétique étant multidimensionnel et complexe (Encadré 4.1), ce chapitre examine à la fois les caractéristiques traditionnelles de la sécurité énergétique et les aspects liés aux transitions vers les énergies propres.

**Encadré 4.1. Définir et mesurer la sécurité énergétique**

Les économies et les sociétés modernes ont absolument besoin de pouvoir compter sur des approvisionnements en énergie abordables. L'énergie est un intrant indispensable de la production dont l'efficacité et l'échelle sont liés à la disponibilité et au coût des ressources énergétiques. Elle est également vitale pour l'amélioration du niveau de vie. Elle donne accès aux équipements de base, et contribue ainsi à la santé, à l'éducation et au progrès de la société dans son ensemble. Elle est également indissociable des mesures de lutte contre le changement climatique.

La sécurité énergétique est habituellement définie en termes généraux tels que la mise à disposition d'une quantité d'énergie suffisante par des moyens fiables et économiquement abordables. L'AIE définit la sécurité énergétique comme la mise à disposition ininterrompue de sources d'énergie à un prix abordable (AIE, 2022[1]). L'Agence pour l'énergie nucléaire (AEN) a défini la sécurité des approvisionnements énergétiques comme la résilience du système énergétique à des événements uniques et imprévisibles qui menacent l'intégrité physique des flux d'énergie ou qui conduisent à des hausses discontinues des prix de l'énergie, indépendamment des paramètres économiques fondamentaux (OCDE/AEN, 2011[2]).

La sécurité énergétique peut être analysée à deux échelles temporelles différentes. À court terme, il s'agit de savoir s'il est possible de réagir rapidement à des variations soudaines de l'équilibre entre l'offre et la demande. À long terme, il s'agit de savoir si des investissements seront bien réalisés en temps utile pour assurer l'approvisionnement en énergie compte tenu des évolutions économiques et technologiques et des besoins environnementaux. La sécurité énergétique peut également recouvrir des questions générales liées aux systèmes énergétiques nationaux dans leur ensemble, ou porter sur des aspects plus pointus relatifs à certains produits énergétiques ou certaines régions spécifiques.

Évaluer la sécurité énergétique est une tâche complexe qui nécessite d'analyser des facteurs techniques, économiques, environnementaux et politiques.

- Les facteurs techniques sont notamment les technologies de production et de transport de l'énergie, qui déterminent les risques physiques, les substitutions possibles entre les différentes sources d'énergie primaires, ainsi que les investissements nécessaires et leur durée.
- Les facteurs économiques ont trait au niveau et à la volatilité des coûts de l'énergie, en lien avec l'accessibilité financière de l'énergie et la réglementation du marché. Ils recouvrent également le financement des investissements énergétiques et la promotion de l'innovation aux fins d'améliorer la fiabilité et l'accessibilité financière et de limiter autant que possible l'impact environnemental.
- La sécurité énergétique devrait également être analysée dans le contexte du changement climatique. Les phénomènes météorologiques extrêmes, qui devraient devenir de plus en plus fréquents et dévastateurs avec le réchauffement planétaire, ont un impact direct sur la sécurité physique de la production et du transport de l'énergie. Dans le même temps, le verdissement des moyens de production d'énergie, sans lesquels il est impossible de lutter contre le changement climatique, pourrait lui aussi influer sur la sécurité énergétique future.
- Les facteurs politiques regroupent les risques d'instabilité politique et sociale au niveau national en cas de perturbation des approvisionnements énergétiques, les risques géopolitiques qui pèsent sur les sources d'énergie importées, et la coopération internationale destinée à renforcer la résilience et la durabilité des approvisionnements énergétiques.

L'AIE s'attache depuis longtemps à examiner et à évaluer les pays au regard d'indicateurs de sécurité énergétique communs, et à recommander des mesures en faveur de la sécurité et de la résilience. Elle réalise régulièrement des examens des mesures d'intervention en cas d'urgence et de la sécurité de ses pays membres et d'autres pays. Les principaux indicateurs qu'elle utilise pour classer les pays en fonction de leurs performances de sécurité énergétique sont les suivants (pour le pétrole et le gaz) :

- dépendance à l'égard des importations (part des importations dans la consommation totale) ;
- diversité de l'offre (indice d'Herfindahl-Hirschman) ;
- stockage et stocks (capacité totale de stockage/stocks en jours de consommation moyenne/demande de pointe) ;
- continuité de l'offre et importance économique (indicateur N-1 ; part dans la demande totale).

L'électricité nécessitant un ensemble légèrement différent indicateurs, l'AIE en a également constitué un catalogue qu'elle utilise pour évaluer la sécurité électrique des pays :

- dépendance à l'égard des importations (part des importations dans la consommation totale) ;
- adéquation de la production (charge de pointe en proportion de la puissance installée appelable) ;
- continuité de l'approvisionnement (puissance de réserve disponible pour un démarrage autonome, en proportion de la puissance installée appelable) ;
- fiabilité du réseau (durée moyenne d'interruption du système / fréquence / indices) ;
- intégration des énergies renouvelables variables (part de ces sources d'énergie dans la production totale d'électricité) ;
- Importance économique (valeur de l'électricité non distribuée).

Compte tenu de l'évolution rapide du système électrique, l'AIE a commencé à travailler à l'élaboration d'un cadre moderne, compréhensible et applicable de sécurité des systèmes électriques. Ce cadre intégrera les trois éléments majeurs de la sécurité : la sécurité d'exploitation, l'adéquation du système, et les dispositions de gouvernance et de marché. L'AIE mesurera ces trois aspects à l'aide de plusieurs indicateurs, parmi lesquels la pénétration instantanée des énergies renouvelables variables, le coefficient de taille des ressources critiques, et les écarts de prix.

## Sécurité énergétique et transitions vers les énergies propres

À mesure que le monde évolue, les défis liés à la sécurité énergétique se transforment également. Aux risques persistants qui entourent la disponibilité du pétrole et du gaz naturel s'ajoutent désormais de nouveaux risques qui pourraient considérablement entraver les transitions énergétiques et saper la résilience des systèmes énergétiques, si on ne fait rien pour y remédier rapidement et efficacement. C'est pourquoi il faut des approches nouvelles et améliorées en matière de sécurité énergétique – adaptées à la situation actuelle et aux décennies à venir – pour assurer l'accès ininterrompu à une énergie abordable. Comme le souligne le rapport de l'AIE intitulé *Net Zero by 2050: A Roadmap for the Global Energy Sector*, la sécurité énergétique devient encore plus importante sur la voie de la neutralité carbone.

L'invasion de l'Ukraine par la Russie a mis à rude épreuve la résilience du système énergétique actuel face aux chocs géopolitiques. La flambée des prix qui a suivi la réduction des flux de gaz russe a sans aucun doute été très dommageable, mais la tentative de la Russie d'utiliser ces approvisionnements à des fins d'influence politique a échoué. La Russie a perdu son plus gros client, ainsi que sa réputation d'exportateur fiable, et a créé, pour les consommateurs et consommatrices, l'incitation à envisager d'autres solutions que le gaz naturel.

La crise a mis en lumière la façon dont les événements géopolitiques peuvent avoir un impact direct sur le secteur de l'énergie. Cependant, la réciproque est vraie également. Les mutations des marchés de l'énergie peuvent aussi réorienter la dynamique géopolitique. Les transitions vers les énergies propres, à mesure qu'elles progressent, modifient la répartition de la demande entre les différents combustibles et sources d'électricité, et transforment radicalement le paysage énergétique mondial.

Pendant une grande partie de l'ère des combustibles fossiles, la géopolitique et l'énergie ont été étroitement interconnectées. Les pays importateurs dépendaient des exportateurs pour leurs approvisionnements énergétiques essentiels, tandis que les exportateurs avaient besoin des importateurs pour percevoir des recettes. Cette interdépendance, à l'origine des fluctuations des relations politiques et commerciales entre pays producteurs et consommateurs, a aidé à gérer ces interactions délicates.

Cependant, les risques ont souvent été atténués par l'ouverture des marchés internationaux de l'énergie. À l'origine, ces marchés étaient centrés sur le pétrole mais, depuis quelques années, ils incluent également le gaz naturel. Le bon fonctionnement des marchés, ainsi que des filets de sécurité tels que les capacités de réserve des principaux producteurs et le système de réserves de pétrole coordonné par l'AIE, ont aidé les pays à faire face aux perturbations de l'offre et de la demande. Ce système a de nouveau fait ses preuves en 2022 quand l'AIE a coordonné deux prélèvements dans les stocks pétroliers juste après l'invasion de l'Ukraine par la Russie.

Le changement climatique nous confronte à un grave défi, or l'énergie et le climat sont inextricablement liés. Les températures moyennes mondiales franchissent de nouveaux records année après année, ce qui est une preuve incontestable qu'il nous faut agir. Le système énergétique actuel est un déterminant majeur du réchauffement planétaire, puisqu'il représente environ 75 % des émissions totales de gaz à effet de serre (GES). Cela signifie que nous devons impérativement transformer nos modes de production et de consommation d'énergie : la capacité de notre société à atteindre ses objectifs climatiques dépend de celle du secteur de l'énergie à atteindre la neutralité carbone d'ici le milieu du siècle. La croissance rapide de certaines technologies énergétiques propres – voitures électriques, panneaux photovoltaïques, batteries et pompes à chaleur, notamment – a laissé la porte ouverte à une possible limitation de la hausse de la température moyenne mondiale à 1.5 °C au-dessus des niveaux préindustriels, l'objectif fixé par l'Accord de Paris pour éviter les impacts les plus négatifs du changement climatique. Cependant, pour atteindre cet objectif, il nous faut progresser beaucoup plus vite et à beaucoup plus grande échelle, selon une analyse de l'AIE. Les phénomènes météorologiques extrêmes, qui devraient devenir de plus en plus fréquents et dommageables avec le réchauffement planétaire, ont un impact direct sur la sécurité physique de la production et du transport de l'énergie. Y remédier nécessite une coopération internationale encore plus étroite et davantage d'ambition de la part des responsables de l'action publique.

Les pouvoirs publics et les acteurs de l'industrie doivent s'attacher à favoriser l'état de préparation et la résilience au vu des menaces nouvelles et plus fréquentes, telles que les cyberattaques et les événements météorologiques extrêmes, en particulier s'agissant des infrastructures électriques. Les transitions énergétiques ne peuvent pas se faire sans la mise en place de chaînes d'approvisionnement fiables et économiquement efficientes pour les énergies propres, ni sans la mise en adéquation de l'offre mondiale de ressources minérales critiques avec la demande des technologies fondées sur les énergies propres en plein essor.

Même si la demande de combustibles fossiles diminue, il restera des défis de sécurité énergétique à relever puisque le processus d'ajustement à l'évolution des profils de demande ne sera pas nécessairement facile ou fluide. Par exemple, les pointes de demande que nous observons aujourd'hui sur la base des politiques actuelles ne suppriment pas la nécessité d'investir dans l'approvisionnement en pétrole et en gaz, étant donné la vitesse à laquelle les gisements actuels s'épuisent naturellement. Dans le même temps, cette situation met en lumière les risques économiques et financiers liés aux nouveaux grands projets pétroliers et gaziers, qui viennent s'ajouter aux risques climatiques.

## Les transitions vers les énergies propres sont un moyen de relever les défis en matière de sécurité énergétique

Les risques traditionnels liés à l'approvisionnement en combustibles fossiles évoluent mais ne disparaissent pas. La transition pourrait être déstabilisante pour les États producteurs fragiles qui ne parviennent pas à se diversifier pour se défaire de leur forte dépendance à l'égard des recettes tirées des hydrocarbures. Parallèlement, les chaînes d'approvisionnement liées aux énergies propres sont confrontées à de nouveaux risques et dépendances géopolitiques. Or tous ces risques de sécurité, qu'ils soient traditionnels ou nouveaux, s'aggravent dans un système international plus fragmenté, caractérisé par des rivalités et un manque de coopération. Notre monde ne peut pas se permettre ces tensions s'il souhaite progresser sur la voie d'une limitation du réchauffement climatique à 1.5 °C.

À la Conférence des Parties à la Convention des Nations Unies sur les changements climatiques de 2023 (COP28), qui s'est tenue à Dubaï en décembre 2023, près de 200 pays ont adhéré à l'idée selon laquelle le monde doit renoncer progressivement aux combustibles fossiles pour éviter les pires conséquences du réchauffement planétaire. Cependant, nous dépendons toujours fondamentalement du pétrole, même si cette dépendance diminue, et la demande de pétrole continu d'augmenter, ce qui fait que les perturbations des approvisionnements peuvent encore causer des préjudices économiques majeurs et avoir des répercussions négatives importantes sur la vie des populations. De plus, la demande de gaz naturel continue elle aussi de croître. Il est à noter que la part de l'Organisation des pays exportateurs de pétrole (OPEP) dans les approvisionnements mondiaux progresse au fil du temps à mesure que la demande de pétrole diminue. Mais, en exerçant cette influence, ils la réduisent, car les consommateurs disposent d'un nombre croissant de technologies énergétiques propres matures à des prix compétitifs.

La part croissante des renouvelables dans la production d'énergie a pour effet non seulement de limiter les émissions mais aussi de renforcer la sécurité énergétique. Le choc énergétique qu'a entraîné l'invasion de l'Ukraine par la Russie a conduit à mieux comprendre le problème de l'autosuffisance énergétique, en particulier s'agissant de la production d'électricité. Pour résoudre ce problème, il n'y a pas d'autre choix que de veiller à ce que la plus grande part possible de l'électricité produite sur le territoire le soit à partir de sources nationales. Mais on se préoccupe également de la concentration régionale des capacités manufacturières liées aux technologies énergétiques propres, étant donné que la grande majorité de la production renouvelable nécessite des technologies et des minéraux contrôlés par la Chine (voir le Coup de projecteur 2). C'est pourquoi de nombreux pays s'efforcent de s'assurer qu'il existe des chaînes d'approvisionnement diversifiées et résidentes au service de la fabrication des outils technologiques liés aux énergies propres, et notamment renouvelables. Cependant, une perturbation de l'approvisionnement en panneaux solaires, par exemple, n'aurait pas un effet immédiat sur la production d'électricité tant que le soleil brille. Ainsi, l'augmentation de la production d'électricité d'origine renouvelable devrait être considérée comme un moyen d'accroître l'autosuffisance et, par voie de conséquence, la sécurité énergétique.

Dans de nombreux pays, le solaire photovoltaïque et l'éolien sont désormais les deux sources d'électricité les moins coûteuses en termes de coût moyen actualisé de l'énergie. Il faut néanmoins des politiques plus volontaristes encore pour soutenir la croissance des renouvelables. Les mesures les plus importantes que les pouvoirs publics peuvent prendre pour viser simultanément l'objectif actuel de sécurité énergétique et les objectifs climatiques futurs sont notamment le fait d'accélérer les processus d'autorisation et de créer des incitations adaptées, au service d'un déploiement plus rapide de tous les moyens de production renouvelable, y compris l'hydraulique flexible.

## La sécurité pétrolière demeurera essentielle pendant la transition vers les énergies propres

L'une des missions principales de l'AIE est de garantir la sécurité des approvisionnements pétroliers en imposant aux pays membres l'obligation de stocker du pétrole. Ainsi, chaque membre de l'AIE est tenu de s'assurer qu'il détient des stocks de pétrole représentant au moins 90 jours d'importations nettes. En cas de grave perturbation des approvisionnements, les pays membres de l'AIE peuvent décider de mettre ces stocks sur le marché dans le cadre d'une action collective.

Cette attention permanente à la sécurité pétrolière est une conséquence de la dépendance du secteur des transports (voitures à moteur thermique, poids lourds, navires et aéronefs) à cette source d'énergie, une dépendance qui devrait se poursuivre même si la transition vers une économie fondée sur les énergies propres s'accélère, avec l'augmentation des ventes de véhicules électriques, l'amélioration de l'efficacité énergétique et les progrès rapides d'autres technologies énergétiques propres. Sur la base des politiques actuelles, la demande mondiale de pétrole devrait se stabiliser à la fin de cette décennie.

Cela étant, la menace que représente une éventuelle perturbation des approvisionnements en pétrole ne disparaîtra pas de sitôt. Même après que la demande aura commencé à diminuer, le pétrole continuera, pendant un certain temps encore, de représenter une part importante du mix énergétique mondial. Qui plus est, il existe de bonnes raisons de croire qu'il y aura encore plus de risques de perturbations des approvisionnements en pétrole dans les décennies à venir. Ces raisons sont notamment : le fait que le secteur pétrolier en amont attire moins les investissements étant donné les incertitudes concernant la demande ; la concentration croissante de l'offre de pétrole brut et de produits pétroliers ; des perspectives géopolitiques très incertaines et une pléthore de risques supplémentaires, parmi lesquels la menace croissante de cyberattaques et la fréquence accrue des événements météorologiques extrêmes.

De plus, du fait des évolutions attendues plus en aval de la chaîne de valeur du secteur pétrolier, de nombreux pays seront davantage exposés aux risques liés aux marchés pétroliers. Au cours de la dernière décennie, le secteur du raffinage a connu la mise à l'arrêt d'une part importante de ses capacités dans les économies avancées, en particulier en Europe où certaines raffineries ont peiné à rester compétitives suite à l'achèvement d'un grand nombre d'installations de grande envergure et de haute complexité au Moyen-Orient et en Asie. Confrontées à une concurrence accrue et à une évolution de la demande difficilement prévisible sur leurs marchés principaux, la plupart des raffineries des économies avancées risquent de fermer. De nombreux pays se retrouveraient alors encore plus dépendants de leurs importations de produits pétroliers, notamment le gazole et le carburéacteur, et, par conséquent, d'autant plus vulnérables à d'éventuelles perturbations des marchés des produits pétroliers.

Les risques qui pèsent sur la sécurité pétrolière sont multiples et protéiformes, et vont bien au-delà des seuls risques liés à la modification structurelle des marchés mondiaux du pétrole. Les pouvoirs publics devraient être particulièrement attentifs aux menaces que posent les perspectives géopolitiques de plus en plus incertaines, le changement climatique et les phénomènes météorologiques extrêmes, et les cyberattaques. Les perturbations de l'offre observées ces dernières années ont été provoquées par des événements relevant de chacune de ces catégories.

En définitive, réduire la dépendance à l'égard des combustibles fossiles en encourageant l'adoption de solutions énergétiques propres est, pour tous les pays, le moyen le plus efficace de renforcer leur sécurité énergétique. La transition vers une économie fondée sur les énergies propres devrait être vue comme une occasion inespérée de bâtir un système énergétique plus durable, qui réduit autant que possible l'exposition à la volatilité des marchés pétroliers et limite les perspectives de chocs affectant l'offre. Cependant, elle pourrait ne pas se faire sans heurts. Pendant de nombreuses années encore, les perturbations des approvisionnements pétroliers seront susceptibles de causer des préjudices économiques important et d'avoir des répercussions sur la vie des populations. Il sera donc essentiel de continuer de mettre résolument l'accent sur la sécurité pétrolière et la préparation aux situations d'urgence tout au long de la transition vers les énergies propres partout dans le monde, et les capacités d'intervention d'urgence de l'AIE demeureront vitales.

## Les secteurs du gaz et du pétrole doivent jouer leur rôle dans les transitions vers la neutralité carbone

Les changements structurels du secteur de l'énergie devraient amener la demande de pétrole et de gaz à se stabiliser d'ici la fin de cette décennie dans le contexte des politiques actuelles. Mais la demande de combustibles fossiles ne devrait pas décliner suffisamment vite pour permettre un alignement sur l'Accord de Paris et son objectif de stopper la hausse de la température mondiale à 1.5 °C. Si les États parvenaient à remplir intégralement et dans les délais requis leurs engagements nationaux en matière d'énergie et de climat, la demande de pétrole et de gaz à l'horizon 2050 serait inférieure de 45 % à son niveau actuel et la hausse de la température pourrait être limitée à 1.7 °C. Une trajectoire à 1.5 °C nécessite que le secteur mondial de l'énergie atteigne la neutralité carbone d'ici le milieu du siècle, avec une consommation de pétrole et de gaz en recul de 75 %.

Dans son rapport intitulé *Oil and Gas Industry in Net Zero Transitions*, l'AIE examine ce que les compagnies pétrolières et gazières peuvent faire pour accélérer la transition vers zéro émission nette et ce que cela pourrait signifier pour un secteur qui fournit actuellement plus de la moitié des approvisionnements énergétiques mondiaux et qui emploie près de 12 millions de personnes dans le monde[2]. Les conséquences d'une transition vers la neutralité carbone sont loin d'être uniformes : en effet, le secteur recouvre un très large éventail d'acteurs allant de petits opérateurs spécialisés à de grandes compagnies pétrolières nationales. Les sept grandes multinationales auxquelles on prête souvent le plus d'attention détiennent en réalité moins de 13 % des réserves mondiales et des sites de production pétroliers et gaziers.

Jusqu'à présent, le secteur pétrolier et gazier n'a joué qu'un rôle marginal dans la transition vers un système énergétique mondial fondé sur les énergies propres. Les producteurs de ces deux combustibles totalisent 1 % seulement de l'ensemble des investissements mondiaux dans les énergies propres. Plus de 60 % sont le fait de quatre entreprises seulement, parmi les milliers de producteurs de pétrole et de gaz en activité aujourd'hui.

S'il ne peut y avoir de modèle unique du changement, il existe cependant un élément qui peut et qui devrait faire partie des stratégies de transition de toutes les entreprises, à savoir la réduction des émissions imputables à leurs propres activités. Or moins de la moitié de l'actuelle production pétrolière et gazière est le fait d'entreprises s'étant fixé des objectifs de réduction de ces émissions. Il faut une coalition beaucoup plus large – avec des objectif beaucoup plus ambitieux – pour parvenir à un recul significatif des émissions dans le secteur pétrolier et gazier. La production, le transport et le traitement du pétrole et du gaz représentent un peu moins de 15 % des émissions mondiales de GES liées à l'énergie. C'est une part colossale, équivalente à la totalité des émissions de GES liés à l'énergie générées par les États-Unis. Pour que le scénario à 1.5 °C soit envisageable, ces émissions devraient atteindre à l'horizon 2030 un niveau inférieur de plus de 60 % à celui d'aujourd'hui, et l'intensité d'émission des activités pétrolière et gazière mondiale devrait être proche de zéro dès le début des années 2040. Il s'agit de valeurs de référence appropriées pour une action de tout le secteur sur les émissions, quel que soit le scénario futur. L'intensité d'émission des moins performants est à l'heure actuelle cinq à dix fois supérieure à celle des plus performants. Le méthane, qui représente la moitié du total des émissions issues des activités pétrolières et gazières, a un potentiel de réchauffement global plusieurs dizaines de fois supérieur à celui du $CO_2$. C'est pourquoi il est absolument prioritaire, et très efficace en termes de coûts, de lutter contre les fuites de méthane, même si ce n'est bien sûr pas la seule action à mener[3].

Dans un système énergétique neutre en carbone à l'horizon 2050, quelque 30 % de l'énergie consommée provient de sources et de technologies à faibles émissions qui pourraient bénéficier des compétences et des ressources du secteur pétrolier et gazier. On trouve parmi ces sources et technologies : l'hydrogène et les combustibles à base d'hydrogène ; les systèmes de captage, d'utilisation et de stockage du carbone (CUSC) ; l'éolien en mer ; les biocombustibles liquides ; le biométhane ; et la géothermie. Or, les entreprises pétrolières et gazières sont déjà partenaires d'une grande partie des projets liés à l'hydrogène qui sont fondés sur le CUSC et l'électrolyse. Elles sont aussi parties prenantes de 90 % des capacités de CUSC en exploitation dans le monde. Le CUSC et le captage direct dans l'air sont des technologies importantes pour la neutralité carbone, en particulier parce qu'elles permettent de réduire ou de compenser les émissions des secteurs difficiles à décarboner. Au contraire, 2 % seulement des éoliennes en mer actuellement raccordées au réseau ont été déployées par des entreprises pétrolières et gazières. Cela étant, il est prévu beaucoup d'autres projets, et la frontière technologique de l'éolien en mer – caractérisée par les turbines flottantes en eaux profondes, par exemple – rapproche peu à peu ce secteur des domaines de compétence des entreprises pétrolières et gazières. Qui plus est, les compétences et les infrastructures du secteur pétrolier et gazier, et notamment ses réseaux de distribution et ses raffineries, lui donnent des avantages dans des domaines tels que la recharge des véhicules électriques ou le recyclage des plastiques.

Les entreprises du secteur qui ont annoncé leur intention de diversifier leurs activités au profit des énergies propres représentent un peu moins d'un cinquième de la production pétrolière et gazière actuelle. En 2023, le secteur a investi environ 20 milliards USD dans les énergies propres, soit autour de 2.5 % du total de ses dépenses d'investissement. L'analyse ascendante des flux de trésorerie dans le scénario à 1.5 °C conduite par l'AIE donne à penser qu'une ambition raisonnable, pour les producteurs qui choisissent de se diversifier et qui cherchent à s'aligner sur les objectifs de l'Accord de Paris, serait de consacrer 50 % des dépenses d'investissement à des projets liés aux énergies propres d'ici à 2030, en plus des investissements nécessaires pour réduire les émissions directes (périmètre 1) et indirectes (périmètre 2). Toutes les entreprises pétrolières et gazières ne sont pas tenues de se réorienter vers les énergies propres, néanmoins l'alternative est de mettre fin progressivement aux activités traditionnelles. Ainsi, certaines pourraient considérer que leur domaine de spécialisation est le gaz et le pétrole donc décider – plutôt que de risquer de l'argent dans des secteurs d'activité qu'elles ne connaissent pas – que d'autres qu'elles sont mieux placées pour investir. Mais dans ce cas, pour aligner leurs stratégies sur les transitions vers la neutralité carbone, elles devraient réduire leurs activités pétrolières et gazières tout en investissant dans la réduction des émissions.

## La sécurité des approvisionnements en électricité est une question transversale à laquelle la diversification peut apporter une réponse

Pour assurer la sécurité des systèmes électriques, il faut assurer celle des approvisionnements en combustibles destinés aux centrales. Dans de nombreux pays, ce sont les centrales à gaz qui jouent un rôle essentiel en couvrant les périodes de pointe et en offrant la flexibilité nécessaire à l'injection sur le réseau d'une proportion plus importante d'électricité d'origine solaire ou éolienne. À l'heure où le monde se remet de la pandémie de COVID-19 et doit faire face aux conséquences de l'invasion de l'Ukraine par la Russie, les marchés mondiaux du gaz sont devenus très tendus, une situation qui a des répercussions importantes sur les systèmes électriques tributaires du gaz. Dans de nombreuses économies émergentes, notamment en Asie et Pacifique et en Amérique latine, les approvisionnements en gaz naturel liquéfié (GNL) sont la principale source flexible de gaz en l'absence de gazoducs et d'installations de stockage souterrain, ce qui induit des coûts et des risques supplémentaires. Les centrales à charbon demeurent la clé de voûte de l'approvisionnement en électricité dans beaucoup de pays d'Asie.

L'intégration du système énergétique nécessite une coordination plus étroite entre les secteurs et entre les parties prenantes, au stade de la planification comme au stade de l'exploitation. Pour ce qui concerne la planification, il est nécessaire de recenser les investissements requis pour assurer la sécurité d'approvisionnement dans les décennies à venir. Les cadres de planification devraient être intégrés et coordonnées et couvrir la production, les réseaux de transport et de distribution, la demande, l'électrification des utilisations finales, et les dépendances à l'égard d'autres secteurs. De tels cadres sont indispensables pour identifier les options les mieux susceptibles de convenir au futur système électrique, à la lumière des incertitudes concernant la demande et les technologies, et peuvent aider à déterminer les besoins d'interconnexion aux niveaux national, régional et international. Malgré les progrès en matière de décentralisation, la sécurité énergétique dépend toujours de l'existence de systèmes électriques interconnectés et sécurisés. En Europe et aux États-Unis, les échanges régionaux sont une source essentielle de flexibilité, et les membres de l'Association des nations de l'Asie du Sud-Est (ASEAN) s'emploient à améliorer l'interconnectivité de leurs systèmes énergétiques ainsi que les échanges d'énergie.

Pour faire en sorte que tous les risques de panne pertinents soient correctement pris en compte et pour éclairer l'action publique, il est fondamental de réaliser régulièrement des études d'adéquation et des examens de leurs hypothèses sous-jacentes. Les évaluations probabilistes de l'adéquation, en permettant d'évaluer ensemble de nombreuses incertitudes, donnent un meilleur aperçu des systèmes à forte proportion d'énergies renouvelables. Les études de planification devraient inclure des scénarios « à faible probabilité et fort impact », comme ceux qui concernent des phénomènes météorologiques extrêmes et des menaces pour la cybersécurité. Les événements météorologiques extrêmes survenus récemment dans le monde donnent à voir les risques que le changement climatique fait peser sur la sécurité énergétique.

Les systèmes électriques sont en train de passer au numérique, avec des avantages à tous les niveaux, de la gestion de la production et des réseaux à l'émergence de nouvelles capacités et de nouveaux services à partir d'un ensemble plus large de ressources. Cependant, cette transformation numérique s'accompagne d'une augmentation des risques de cybersécurité. Une cyberattaque réussie pourrait entraîner la perte de contrôle des appareils et des processus, ce qui pourrait causer l'endommagement physique des systèmes électriques et des pannes de courant généralisées. Un large éventail d'outils et de cadres de gestion des risques de cybersécurité ont déjà été déployés, et les responsables de l'action publique jouent un rôle central dans leur sélection et leur mise en œuvre.

Comme il n'est pas possible d'éviter tous les événements, physiques ou numériques, à un coût raisonnable, il est nécessaire de conduire des analyses coûts-avantages. L'élaboration et la planification des politiques peuvent être considérées comme des processus itératifs : les objectifs stratégiques sont les données d'entrée de la planification et, en retour, les exercices de planification fournissent des informations essentielles quant aux options et aux coûts correspondants à prendre en compte pour atteindre les objectifs stratégiques fixés. La trajectoire sélectionnée doit viser l'équilibre entre le déploiement de mesures de prévention (coûteuses) et les conséquences des différents incidents susceptibles de se produire, pouvant aller d'arrêts prévus à des événements rares. Dans le cadre de leurs efforts visant à assurer la disponibilité d'une électricité abordable et sûre, les responsables de l'action publique devraient chercher à renforcer la résilience, c'est-à-dire la capacité du système à absorber les chocs et les transformations, à s'y adapter et à se rétablir, qu'il s'agisse de chocs à court terme (crise de l'offre, cyberattaque ou phénomène météorologique extrême) ou de changements à long terme plus progressifs (adaptation à l'évolution des besoins et des conditions météorologiques).

Les plans de préparation aux risques aident à identifier des mesures de résilience rentables. Par exemple, si le mix de ressources est plus diversifié, le système peut être plus résilient face aux risques sociaux, géopolitiques, commerciaux, techniques et environnementaux. Avec une meilleure compréhension des risques, les pouvoirs publics et les autorités de régulation sont mieux à même de concevoir des incitations appropriées pour encourager les compagnies d'électricité à investir en temps opportun dans un système électrique résilient.

## Donner la priorité à l'efficacité énergétique

L'efficacité énergétique (autrement dit, le fait de chercher à produire le même résultat avec moins d'énergie) est au cœur de toute progression sur la voie d'une transition vers les énergies propres à un coût abordable, qui garantisse un développement social et une croissance économique équitables. Il faut une action décisive, ambitieuse et transformatrice dans le domaine de l'efficacité énergétique pour améliorer la résilience, la sécurité et la fiabilité de nos systèmes énergétiques, et élargir l'accès à des services énergétiques durables et économiquement abordables.

Sans les améliorations de l'efficacité énergétique apportées depuis 2000, le monde actuel consommerait 13 % d'énergie de plus et émettrait 14 % d'émissions de carbone liées à l'énergie de plus. Plus de la moitié des économies d'énergie réalisées peuvent être imputées à des mesures en faveur de l'efficacité dans le secteur de l'industrie, environ un tiers d'entre elles résultent d'améliorations de la performance énergétique des bâtiments et des appareils électroménagers, et un dixième sont liées à l'efficacité énergétique des transports. Ces améliorations ont réduit la facture énergétique des ménages et des entreprises et soutenu la compétitivité et la création d'emplois.

Les améliorations de l'efficacité énergétique aident également à renforcer la sécurité énergétique et à élargir l'accès à une énergie fiable, d'un coût abordable. En faisant diminuer la demande énergétique globale, elles peuvent substantiellement réduire la dépendance générale à l'égard des importations de combustibles fossiles, améliorer la balance des paiements et limiter la probabilité de perturbation des approvisionnements. En 2017, grâce aux gains d'efficacité enregistrés depuis 2000, les pays de l'AIE et d'autres grandes économies ont évité d'importer plus de 11 exajoules (EJ) de combustibles fossiles, ce qui équivaut à un surplus de 20 %. À elle seule, la baisse des importations de pétrole dans les pays de l'AIE a représenté une économie de plus de 30 milliards USD.

Dans la perspective d'un avenir neutre en carbone à l'horizon 2050, la marge de manœuvre est encore très importante : doubler le taux actuel d'amélioration de l'intensité énergétique pour le faire passer de 2 % à 4 % par an jusqu'en 2030 reviendrait à éviter 95 EJ par an de consommation finale d'énergie, un chiffre équivalent à la demande énergétique finale actuelle de la Chine. Ces 95 EJ économisés chaque année jusqu'en 2030 se traduiraient également par une sécurité énergétique considérablement renforcée, puisqu'ils permettraient d'éviter la demande de près de 30 millions de barils de pétrole par jour, soit à peu près le triple de la production moyenne de la Russie en 2021, et la demande de 650 milliards de mètres cubes (mmc) de gaz naturel par an, soit environ quatre fois les importations de l'UE en provenance de la Russie en 2021. En outre, si la demande d'électricité se contracte, il n'est plus nécessaire d'investir dans de nouvelles centrales, ainsi que dans l'infrastructure de transport et de distribution et les installations de stockage connexes.

Dans les économies émergentes, les gains d'efficacité sont particulièrement importants pour assurer la fiabilité et la qualité des services d'approvisionnement en énergie, pour permettre à la demande actuellement contenue d'être raccordée au réseau sans pour autant surcharger ce dernier, et pour favoriser le développement économique. Tirer multiplement parti de l'action en faveur de l'efficacité énergétique est d'autant plus significatif dans le contexte de la hausse et de la fluctuation des prix de l'énergie, qui pénalisent de manière disproportionnée les groupes les plus vulnérables de la population ainsi que les activités économiques des économies en développement et émergentes. Appliquer des démarches inclusives et centrées sur l'humain et donner la priorité à l'efficacité énergétique sont des moyens d'améliorer l'accessibilité financière et de faire en sorte que nous ne reculions pas sur la voie de l'accès universel à l'électricité.

Si elle s'engage sur la voie du scénario Zéro émission nette de l'AIE, l'économie mondiale pourrait croître de 40 % à l'horizon 2030 et permettre à 800 millions de personnes de plus d'accéder à l'électricité, le tout avec une demande énergétique finale inférieure de 5 %. L'action en faveur de l'efficacité énergétique et les mesures connexes prévues dans le scénario Zéro émission nette réduiraient les émissions annuelles de $CO_2$ de cinq gigatonnes (Gt) en 2030 par rapport au niveau escompté dans le scénario des politiques annoncés de l'AIE. Plus de 80 % de ces gains d'efficacité supplémentaires correspondent à des économies nettes globales pour les consommateurs et consommatrices, d'où une réduction de la facture énergétique et un amortissement des effets de la volatilité des prix.

Réaliser 95 EJ d'économies annuelles pourrait aider à réduire les factures énergétiques des ménages d'au moins 650 milliards USD par an d'ici à 2030. Cet argument incite à agir rapidement et fermement en faveur de l'efficacité énergétique d'ici à 2030. Les pouvoirs publics ont un rôle essentiel à jouer pour faire en sorte que l'action en faveur de l'efficacité énergétique soit prioritaire et qu'un maximum de mesures soient prises dès que possible. Conscients de l'intérêt d'œuvrer au plus vite en faveur de l'efficacité énergétique afin d'accélérer de la manière la plus économiquement efficiente possible la transition vers la neutralité carbone, et de renforcer la sécurité énergétique et la résilience, plus de 40 États réunis en juin 2023 à l'occasion de la huitième Conférence annuelle mondiale de l'AIE sur l'efficacité énergétique ont signé une déclaration commune appelant tous les pays et les autres acteurs à renforcer leur action.

Les Recommandations de la Commission mondiale pour une action urgente en faveur de l'efficacité énergétique appellent à déployer des trains de mesures bien conçues et exhaustives assorties d'objectifs ambitieux, de stratégies de mise en œuvre claires et de cadres de suivi solides. Ces Recommandations peuvent être appliquées rapidement et dans différents contextes pour stimuler les gains d'efficacité à l'échelle globale, renforcer la sécurité énergétique, compenser la hausse de la demande d'énergie et freiner la croissance des émissions de $CO_2$. Pour une efficacité maximale à court et à long terme, il convient de déployer rapidement à plus grande échelle les politiques existantes fondées sur les meilleures pratiques, les technologies rentables et les modèles économiques durables, en s'appuyant sur les connaissances que l'on a de ce qui fonctionne ou pas.

Les pouvoirs publics ont un rôle majeur à jouer dans cette transition, non seulement en montrant l'exemple, mais aussi en tant que consommateurs finals importants de services énergétiques. Ils peuvent piloter ce processus en mettant en œuvre des approches qui font intervenir tous les niveaux de l'administration et permettent d'aligner les priorités et les actions, de manière à tirer parti de tous les avantages de l'efficacité énergétique et à en amplifier les impacts. Par exemple, compte tenu de son importance élevée pour la consommation totale d'énergie et la qualité de la vie, le refroidissement économe en énergie est encouragé par des plans d'action nationaux en Inde et en Chine.

Les gains d'efficacité les plus substantiels sont obtenus grâce à des trains de mesures qui associent réglementation, information et incitation et qui favorisent l'innovation, l'investissement et la transformation numérique. Le recours à des réglementations telles que des normes minimales de performance énergétique pour exclure du marché les appareils, équipements, véhicules et bâtiments les moins performants et pour relever les niveaux moyens d'efficacité a permis les plus fortes améliorations de l'efficacité énergétique jamais enregistrées. Cela concerne notamment le refroidissement et l'éclairage (d'ici à 2050, les deux tiers environ des ménages du monde pourraient être équipés d'un climatiseur, la Chine, l'Inde et l'Indonésie représentant la moitié du total).

La réglementation peut être soutenue par des programmes d'achat de gros, tels que le programme UJALA (*Unnat Jyoti by Affordable LEDs for All*) qui a permis de distribuer 350 millions d'ampoules LED en Inde, destinés à rendre les technologies plus abordables et plus accessibles. De telles initiatives accélèrent le remplacement des anciennes technologies inefficaces. Les administrations publiques peuvent montrer l'exemple en adoptant des règles et des spécifications relatives aux marchés publics qui soient écologiques, telles que celles dont s'est dotée l'Union européenne, qui fixent des normes minimales de performance énergétique et environnementale pour les bâtiments et les marchés publics. Le Programme fédéral américain de gestion de l'énergie est un autre exemple : il fixe des objectifs de réduction de la consommation d'énergie et d'eau à l'intention des agences fédérales et soutient leur mise en œuvre en fournissant des orientations, des formations et une assistance technique. En Indonésie, le règlement gouvernemental n° 70/2009 impose à toutes les entreprises dont la consommation énergétique annuelle dépasse 6 000 tonnes d'équivalent pétrole (tep) de désigner un gestionnaire de l'énergie, d'élaborer un plan d'économie d'énergie, de réaliser un audit énergétique et de déclarer leur consommation d'énergie à l'administration. Le pays examine actuellement la possibilité d'abaisser ce seuil à 4 000 tep et d'instaurer également des seuils sectoriels.

En veillant à ce que les parties prenantes soient toutes activement impliquées et en mettant à profit les enseignements de l'économie comportementale, on peut faire en sorte que les programmes d'efficacité énergétique soient fondés sur les besoins et les comportements réels des utilisateurs finals, et qu'ils prennent dûment en compte les groupes vulnérables. Des données probantes montrent que les mesures en faveur de l'efficacité énergétique qui intègrent les éclairages comportementaux tant au stade de l'élaboration qu'à celui de la mise en œuvre sont plus efficaces, comme l'illustre le renforcement des exigences de l'UE en matière d'étiquetage énergétique des appareils électroménagers. Placer l'humain au cœur de l'action publique et mettre à disposition des informations de meilleure qualité accompagnées des bons argumentaires peut avoir des effets de grande ampleur sur les attitudes et les convictions du public, au point de réorienter les profils de consommation et de mobilité, et peut catalyser les changements de comportement indispensables. De plus, la refonte des politiques et des produits visant à faire de l'économie d'énergie l'option par défaut simplifie les choix des consommateurs et consommatrices. Par exemple, l'Inde a rendu obligatoire, pour les climatiseurs, une température de consigne par défaut de 24 °C : les personnes utilisatrices ont toujours le choix de modifier ce réglage mais, comme beaucoup ne prennent jamais la peine de le faire, cette modification se traduit par des économies par défaut.

Les pouvoirs publics peuvent également encourager les gains d'efficacité par l'intermédiaire de mécanismes financiers tels que des fonds de relance directs, des investissements dans les installations, les infrastructures et les bâtiments publics, des financements préférentiels et des mécanismes de marché.

Il est possible d'agir rapidement à grande échelle en faveur de l'efficacité en stimulant la demande de produits et de services plus sobres en énergie grâce à diverses incitations financières et non financières, et en permettant au marché d'intensifier son activité grâce à des incitations au niveau de l'offre, notamment des avantages financiers et fiscaux à l'intention des entreprises manufacturières. On peut citer à titre d'exemples fructueux les normes et l'étiquetage ainsi que les incitations à remplacer les équipements qui visent spécifiquement les utilisateurs finals. En Colombie, par exemple, le remplacement d'un million de réfrigérateurs énergivores a permis de réduire la facture énergétique des consommateurs et consommatrices ainsi que la nécessité de subventionner les ménages à faible revenu, et a débouché sur la création de 12 000 emplois.

Une autre voie possible consiste à encourager l'efficacité industrielle au moyen d'incitations fiscales ciblées ou de programmes à grande échelle qui peuvent combiner une panoplie de mesures. Par exemple, le mécanisme *Perform, Achieve, Trade* (« réaliser, atteindre, commercer ») de l'Inde est une approche fondée sur le marché qui a pour but de stimuler l'investissement dans l'efficacité énergétique. Il s'agit d'un programme en plusieurs cycles, conçu pour réduire la consommation énergétique spécifique des industries les plus énergivores : des objectifs de consommation sont fixés et les entreprises qui dépassent leur objectif se voient remettre un certificat (*Energy Saving Certificate*, ESCert) qu'elles peuvent alors revendre.

La mise en œuvre des politiques et des programmes en faveur de l'efficacité énergétique doit se faire à tous les niveaux de la société, et aux échelles locales et nationales, pour que l'impact soit maximal. Par exemple, au Mexique et en Inde, ce sont les autorités locales qui ont élaboré les actions de mise en œuvre nécessaires au bon respect des normes nationales relatives à l'efficacité énergétique des bâtiments.

L'efficacité énergétique peut rapidement créer des emplois durables et soutenir la croissance économique à long terme. Il existe un potentiel de création d'emplois dans le secteur de la construction et le secteur manufacturier, avec des opportunités majeures associées aux programmes de rénovation des bâtiments et de remplacement des technologies anciennes. L'expérience internationale nous en donne des exemples : le programme indien *Make* et le programme chinois *Made* visent la création d'emplois manufacturiers de haute qualité grâce au renforcement de la formation et des capacités et, dans le même temps, l'augmentation de l'efficacité des appareils pour qu'ils soient plus abordables pour les utilisateurs finaux.

La collaboration internationale peut aider les pouvoirs publics à mettre en œuvre plus rapidement et plus efficacement des politiques en faveur de l'efficacité énergétique. En organisant de larges échanges des pratiques exemplaires, les pays peuvent partager et apprendre au sujet des moyens fructueux et infructueux de favoriser l'efficacité énergétique dans leurs économies. À cet égard, on rappellera l'existence du Pôle sur l'efficacité énergétique de l'AIE, une plateforme de collaboration mondiale autour de l'efficacité énergétique.

## Il est essentiel de mobiliser des financements au service du déploiement des énergies propres pour faire progresser la transition vers les énergies propres et garantir la sécurité énergétique

Selon l'édition 2024 du rapport annuel de l'AIE sur les investissements énergétiques mondiaux (*World Energy Investments 2024*) les investissements mondiaux dans l'énergie devraient dépasser 3 000 milliards USD pour la première fois en 2024, dont 2 000 milliards USD destinés aux infrastructures et aux technologies des énergies propres. Les investissements dans les énergies propres sont en augmentation depuis 2020 et les dépenses consacrées à l'électricité renouvelable, aux réseaux et au stockage sont désormais supérieures à l'ensemble de celles qui concernent le pétrole, le gaz et le charbon.

Le rapport annuel de l'AIE sur les investissements énergétiques mondiaux met systématiquement en garde contre les déséquilibres des flux d'investissement dans l'énergie, en particulier l'insuffisance des investissements dans les énergies propres sur les marchés émergents et dans les économies en développement (MEED) à l'exclusion de la Chine. On observe des signes timides de reprise de ces investissements : l'évaluation de l'AIE indique que, dans les MEED à l'exclusion de la Chine, les investissements dans les énergies propres devraient approcher 320 milliards USD en 2024, soit une hausse de plus de 50 % par rapport à 2020. Cela s'apparente à une croissance similaire à celle qu'on observe dans les économies avancées (+50 %), mais inférieure à la situation chinoise (+75 %). Cette hausse est principalement due à l'augmentation de l'investissement dans la production d'électricité renouvelable, qui représente désormais la moitié de l'investissement total dans la production d'électricité dans ces économies. Les progrès constatés en Inde, au Brésil et dans certaines régions d'Asie du Sud-Est et d'Afrique sont le fruit de nouvelles initiatives publiques, d'appels d'offres publics mieux gérés et de l'amélioration des infrastructures de réseaux. En 2024, les investissements de l'Afrique dans les énergies propres s'élevaient à plus de 40 milliards USD, soit près du double du montant de 2020. Il reste pourtant beaucoup à faire. Dans la plupart des cas, la croissance observée part d'un niveau très bas et, par ailleurs, une grande partie des économies les moins avancées sont laissées pour compte (plusieurs d'entre elles sont confrontées à des problèmes aigus lié au coût du service de la dette).

En 2024, la part des investissements mondiaux dans les énergies propres dans les MEED à l'exclusion de la Chine devrait se maintenir aux alentours de 15 % du total. En termes de volume et de proportion, elle demeure bien inférieure à ce qu'il faudrait engager pour assurer un accès complet à des sources d'énergie modernes et pour répondre de façon durable à la hausse de la demande énergétique. Les investissements du secteur de l'électricité dans le solaire photovoltaïque devraient dépasser 500 milliards USD en 2024, soit plus que le total dédié à l'ensemble des autres sources de production. Même s'il est probable que cette croissance ralentira un peu en 2024 sous l'effet de la baisse des prix des modules photovoltaïques, le solaire reste l'élément central de la transformation du secteur de la production d'électricité. En 2023, chaque dollar américain investi dans l'éolien ou le photovoltaïque a permis de produire 2.5 fois plus d'électricité qu'un dollar investi dans les mêmes technologies une décennie auparavant.

En 2015, le rapport entre l'investissement dans des centrales propres et l'investissement dans des centrales fossiles sans dispositif d'atténuation était globalement de 2 pour 1. En 2024, ce rapport devrait atteindre 10 pour 1. L'essor du solaire et de l'éolien a fait baisser les prix de gros de l'électricité dans certains pays, parfois en dessous de zéro, en particulier pendant les périodes de pointe de la production éolienne et solaire. Une telle situation limite les revenus possibles des producteurs sur le marché journalier (spot) et met en exergue la nécessité d'engager des investissements complémentaires dans la flexibilité et les capacités de stockage. Les investissements dans l'électronucléaire devraient avoir augmenté en 2024, la part de cette filière (9 %) dans le total investi dans l'électricité bas carbone étant repartie à la hausse après deux années consécutives de baisse. Ainsi, l'investissement total dans le nucléaire devrait être porté à 80 milliards USD en 2024, soit presque deux fois le niveau de 2018, qui a été son point le plus bas en 10 ans. Les réseaux sont devenus un goulet d'étranglement des transitions énergétiques, mais les investissements progressent. Après avoir stagné autour de 300 milliards USD par an à partir de 2015, ces dépenses devraient s'établir à 400 milliards USD en 2024, sous l'effet de nouvelles politiques et de nouveaux financements en Europe, aux États-Unis, en Chine, et dans certaines parties de l'Amérique latine. Les économies avancées et la Chine totalisent 80 % des dépenses mondiales consacrées aux réseaux. En Amérique latine, l'investissement a presque doublé depuis 2021, notamment en Colombie, au Chili, et au Brésil où les dépenses ont été multipliées par deux au cours de la seule année 2023.

Cependant, ailleurs, le très faible niveau d'investissement reste préoccupant. Le stockage par batterie progresse néanmoins, et devrait attirer plus de 50 milliards USD en 2024. Mais les dépenses sont très concentrées. En 2023, à chaque dollar investi dans le stockage par batterie dans les économies avancées et en Chine, correspondait un seul centime investi dans les autres MEED. L'investissement dans l'efficacité énergétique et dans l'électrification des bâtiments et de l'industrie a bien résisté, malgré les vents contraires qui soufflent sur l'économie. Mais, dans les secteurs de consommation finale, le dynamisme vient principalement des transports où l'investissement devrait atteindre de nouveaux records en 2024 (+8 % par rapport à 2023), sous l'effet de la vigueur des ventes de véhicules électriques.

L'augmentation des dépenses consacrées aux énergies propres est soutenue par des objectifs de réduction des émissions, des avancées technologiques, des impératifs de sécurité énergétique (en particulier dans l'Union européenne) et un aspect stratégique supplémentaire, à savoir le fait que les grandes économies déploient de nouvelles stratégies industrielles pour stimuler la production manufacturière liée aux énergies propres et renforcer leurs positions sur ce marché. De telles politiques peuvent avoir des retombées positives au niveau local, même s'il peut s'avérer difficile de s'implanter de façon compétitive dans des secteurs dotés d'importantes capacités mondiales, comme le solaire photovoltaïque. Les responsables de l'action publique doivent mettre en balance les coûts et les avantages de ces programmes de manière à accroître la résilience des chaînes d'approvisionnement liées aux énergies propres sans pour autant faire baisser les bénéfices tirés des échanges. Aux États-Unis, on estime que les investissements dans les énergies propres augmenteront pour dépasser 300 milliards USD en 2024, soit 1.6 fois plus qu'en 2020, et bien plus que le montant investi dans les combustibles fossiles. L'Union européenne consacre actuellement 370 milliards USD aux énergies propres ; la Chine, pour sa part, devrait dépenser près de 680 milliards USD en 2024, soutenue par son vaste marché intérieur et la croissance rapide de celles qu'on appelle les « trois nouvelles » industries manufacturières : les cellules solaires, les batteries au lithium et les véhicules électriques.

## Contribution possible des minéraux critiques à l'avènement d'un avenir énergétique plus propre et plus sûr

Un système énergétique alimenté par des énergies propres est profondément différent d'un système fondé sur les ressources traditionnelles que sont les hydrocarbures. Les minéraux critiques tels que le cuivre, le lithium, le nickel, le cobalt et les terres rares sont des composants essentiels d'une grande partie des technologies des énergies propres actuellement en plein essor, qu'il s'agisse des turbines des éoliennes, des réseaux de transport de l'électricité ou des véhicules électriques (voir le Coup de projecteur 2). C'est pourquoi ils sont de plus en plus demandés, à mesure que les transitions vers les énergies propres s'accélèrent.

Dans l'édition 2024 de ses Perspectives mondiales des minéraux critiques (*Global Critical Minerals Outlook 2024*), l'AIE constate que sur une trajectoire en accord avec l'objectif climatique de 1.5 °C, la demande de minéraux critiques est appelée à quadrupler d'ici à 2040. En effet, il faut plus de minéraux critiques pour fabriquer des panneaux solaires, des éoliennes et des véhicules électriques que pour produire leurs équivalents fondés sur les combustibles fossiles. Par exemple, une voiture électrique standard nécessite six fois plus de ressources minérales qu'une voiture thermique conventionnelle et une ferme éolienne en mer en contient 13 fois plus qu'une centrale à gaz de puissance équivalente. Depuis 2010, la quantité moyenne de ressources minérales requise pour une nouvelle unité de puissance installée a progressé de 50 % sous l'effet de la hausse de la part des renouvelables.

La demande de minéraux critiques a connu une forte croissance en 2023 : la demande de lithium a bondi de 30 %, les hausses des demandes de nickel, de cobalt, de graphite et de terres rares étant comprises entre 8 % et 15 %. Les applications liées aux énergies propres sont devenues le principal moteur de la croissance de la demande de tout un éventail de ressources minérales critiques. Le secteur des véhicules électriques a consolidé sa position de premier consommateur de lithium, et sa part dans la demande de nickel, de cobalt et de graphite a considérablement augmenté.

La disponibilité des minéraux critiques est l'un des principaux déterminants de la rapidité des transitions énergétiques, ainsi qu'un facteur essentiel de stabilité des activités des secteurs manufacturiers. L'AIE réfléchit actuellement à la façon dont ses pays membres pourraient partager des informations concernant leurs instruments d'action et pratiques exemplaires en faveur de la sécurité des approvisionnements en minéraux critiques ; elle prépare également une analyse des évolutions intervenues sur le marché de ces minéraux afin d'en favoriser la transparence.

Comme expliqué de façon plus approfondie dans le Coup de projecteur 2 de ce rapport, l'approvisionnement en minéraux critiques demeure très concentré, et les progrès sur la voie de la diversification ont été limités au cours des trois dernières années. Dans certains cas, on a même assisté à une intensification de la concentration de l'offre. La Chine domine de loin l'extraction de graphite (70 %) et de terres rares (69 %). Elle contrôle près de 100 % des activités de transformation de ces deux minéraux, et joue un rôle clé dans la transformation du cobalt (74 %), du lithium (65 %) et du cuivre (45 %).

La concentration géographique des activités minières devrait augmenter encore ou rester élevée jusqu'en 2040. Ces hauts niveaux de concentration de l'offre représentent un risque pour la rapidité des transitions énergétiques, puisque les chaînes et les voies d'approvisionnement sont plus vulnérables aux perturbations, que celles-ci soient dues à des phénomènes météorologiques extrêmes, des différends commerciaux ou des facteurs géopolitiques.

L'analyse « N-1 » est une mesure classique de la résilience d'un système, qui permet de mettre au jour les vulnérabilités importantes. Si le plus gros fournisseur et sa demande sont exclus, alors l'offre « N-1 » disponible de tous les minéraux clés de la transition énergétique devient bien inférieure aux besoins. La situation est particulièrement prononcée pour le graphite puisque l'offre « N-1 » disponible ne couvre que 10 % des besoins N-1, c'est-à-dire bien moins que le seuil de 35 % proposé dans le Règlement de l'UE sur les matières premières critiques. Autrement dit, si des efforts ne sont pas mobilisés de toute urgence pour accélérer le développement des projets, il sera très difficile d'atteindre les objectifs de diversification annoncés.

La baisse des prix a été une bonne nouvelle pour les consommateurs et pour l'accessibilité financière : les coûts des technologies liées aux énergies propres sont repartis sur une trajectoire descendante, comme l'illustre le recul des prix des batteries de 14 % en 2023. Cependant, cette baisse signifie aussi que les investisseurs sont moins enclins à dépenser pour assurer la fiabilité et la diversité de l'offre. Cet effet sur les prix a eu le plus de répercussions sur les détenteurs de ressources nouveaux et émergents : dans le cas du nickel, les trois quarts des projets en cours ou envisagés qui sont menacés sont hors du champ d'intervention des trois principaux producteurs.

Les Perspectives mondiales des minéraux critiques de l'AIE présentent un nouveau cadre d'évaluation des risques associés aux minéraux clés de la transition énergétique selon quatre dimensions – les risques d'approvisionnement, les risques géopolitiques, les obstacles à une réponse aux perturbations des approvisionnements, et l'exposition aux risques environnementaux, sociaux et de gouvernance (ESG) ou climatiques. La plupart des minéraux sont associés à des risques environnementaux très élevés. Par exemple, à l'heure actuelle, les activités de raffinage ont lieu sur des sites où les réseaux tendent à avoir une intensité carbone plus élevée, car l'électricité est essentiellement produite à partir de charbon.

## Adapter les infrastructures énergétiques aux sources d'énergie bas carbone

Dans le contexte actuel de forte volatilité des prix sur les marchés mondiaux de l'énergie, les États cherchent à réduire leur exposition et leur dépendance à l'égard des combustibles fossiles en diversifiant leurs sources et leurs voies d'approvisionnement et en se donnant la possibilité d'accéder à des énergies bas carbone via leurs infrastructures énergétiques existantes. Recourir à des énergies bas carbone produites avec des technologies différentes sur des sites différents permet de renforcer la sécurité de l'approvisionnement et de se prémunir des chocs affectant la demande et l'offre. La création de nouvelles infrastructures nécessite des investissements élevés et s'accompagne des risques de retard liés à la nécessité d'obtenir divers permis et autorisations. C'est pourquoi la réaffectation des infrastructures existantes offre la perspective d'accélérer la transition. Par exemple, les moyens de production thermique peuvent offrir la flexibilité requise par les sources d'énergie renouvelables variables, en complément d'autres sources, notamment le transport, le stockage et la réponse à la demande, tout en procurant des avantages en termes de réduction des émissions s'ils sont exploités avec des combustibles à plus faible teneur en carbone.

Les gaz bas carbone (parmi lesquels le biométhane, l'hydrogène à faibles émissions, le méthane de synthèse et le méthane avec CUSC) sont appelés à jouer un rôle clé au service des trajectoires de décarbonation. Dans le scénario Zéro émission nette de l'AIE, les gaz bas carbone représentent près de 75 % du total des combustibles gazeux dans la consommation finale totale d'énergie en 2050, et la majorité des combustibles gazeux alimentant le secteur de la production d'électricité. De ce fait, ils maintiennent la part des combustibles gazeux dans la consommation finale totale d'énergie proche de son niveau actuel et apportent une contribution déterminante dans les secteurs difficiles à décarboner, notamment l'industrie, le transport longue distance et le stockage saisonnier de l'énergie. Dans le secteur de la production d'électricité, ils devraient constituer un approvisionnement de secours flexible dans un système dominé par les sources d'énergie renouvelables variables.

Les infrastructures gazières existantes peuvent accélérer le déploiement des moyens utilisant les gaz bas carbone, en fournissant un accès au réseau, en réduisant les coûts de transport et, en définitive, en facilitant l'intégration de ces gaz au système énergétique dans son ensemble. En amont, les gisements de gaz naturel et de condensats, les réservoirs de gaz épuisés et les infrastructures de surface correspondantes pourraient servir au stockage du $CO_2$, ce qui permettrait de déployer des solutions fondées sur le CUSC comme dans le cas de la filière de production d'hydrogène à partir de méthane. Le vaste réseau des conduites de transport et de distribution du gaz peut être réaffecté au transport des gaz bas carbone.

Le biométhane et le méthane de synthèse sont parfaitement interchangeables avec le méthane conventionnel puisqu'ils ont quasiment les mêmes propriétés physiques et chimiques. Néanmoins, il faudra élaborer des normes pour garantir une qualité uniforme du gaz dans les systèmes gaziers interconnectés et limiter les risques de s'en écarter. Le biométhane, parce qu'il est produit de façon décentralisée, est surtout injecté dans les réseaux de distribution. À plus long terme, le taux élevé de pénétration du biométhane à l'étape de la distribution nécessitera une intégration plus étroite entre les réseaux de transport et de distribution. Des postes de compression bidirectionnels permettraient d'inverser les flux du réseau de distribution vers le réseau de transport, ce qui faciliterait l'équilibrage quotidien et permettrait d'acheminer le biométhane vers les sites de stockage saisonnier (le plus souvent raccordés au réseau de transport).

S'agissant de l'hydrogène à faibles émissions, le mélange peut être une solution temporaire le temps que soient déployés des systèmes spécifiquement dédiés au transport de ce gaz. En effet, sans la rénovation substantielle des gazoducs, l'hydrogène peut déjà être mélangé à des taux allant de 2 % à 10 % de $H_2$ en volume, selon les caractéristiques du système de transport. Les réseaux de distribution à base de polymères sont généralement plus tolérants à l'hydrogène : ils peuvent transporter des mélanges pouvant aller jusqu'à 20 % sans modification de l'infrastructure de réseau ou, le cas échéant, après des modifications mineures. Les conduites de transport de gaz naturel peuvent également être réaffectées à la distribution de l'hydrogène. Il peut être beaucoup moins coûteux et plus rapide de les adapter que de construire un nouveau réseau spécifiquement pour l'hydrogène.

Le démantèlement des infrastructures existantes peut entraîner des perturbations économiques pour les collectivités locales qui en dépendent en termes d'emploi et de recettes. Il peut y avoir de nombreux avantages à mettre à profit les atouts des équipements actuels pour identifier de nouvelles utilisations des infrastructures existantes pendant la transition. En particulier, réaffecter ou convertir les infrastructures existantes permet d'en préserver une grande partie de la valeur, et de conserver les emplois et les assiettes d'imposition dans les collectivités où ces infrastructures ont été implantées. Par exemple, un certain nombre de pays actuellement producteurs de pétrole et de gaz ont entrepris de développer ou cherchent à développer les secteurs du CUSC, de l'hydrogène et de l'éolien en mer, en s'appuyant sur les compétences et les bases de connaissances qu'ils ont acquises grâce à la production pétrolière et gazière, notamment offshore. Les responsables de l'action publique devraient évaluer les possibilités de déployer les combustibles bas carbone à plus grande échelle à l'aide des infrastructures énergétiques actuelles avant de donner aux propriétaires l'autorisation de récupérer ou de démolir les infrastructures existantes tout au long de la chaîne de valeur. Appliquer ce type d'approche prospective et centrée sur l'humain aux infrastructures énergétiques existantes pourrait permettre de réaliser des économies substantielles et d'améliorer la résilience du système énergétique.

La réaffectation des infrastructures d'approvisionnement en charbon peut aussi accélérer des transitions énergétiques justes et sûres. L'actif le plus intéressant de la chaîne de valeur du charbon est en général la centrale à charbon et son infrastructure associée, en particulier le raccordement au réseau de transport d'électricité. Il existe actuellement plus de 2000 GW de puissance installée alimentée au charbon qui pourrait être convertie en actif bas carbone de diverses façons, de manière à assurer l'adéquation, la flexibilité et la stabilité du réseau électrique. La première option est de moderniser les centrales en les équipant de dispositifs de captage, d'utilisation et de stockage du carbone. Une autre possibilité serait d'utiliser des combustibles bas carbone, tels que la biomasse durable, ou l'ammoniac produit à partir d'hydrogène renouvelable ou de combustibles fossiles en association avec le CUSC. La conversion à la biomasse a déjà été réalisée dans certaines centrales du monde, et le projet de co-combustion de l'ammoniac avance bien, comme en témoigne la centrale thermique de Gresik en Indonésie. Les technologies destinées à permettre la co-combustion de fortes proportions d'ammoniac ou la combustion de l'ammoniac seul progressent également. La biomasse présente un avantage supplémentaire : quand elle est combinée au CUSC, elle peut transformer les centrales à charbon, qui sont actuellement les premières sources d'émission de $CO_2$, en sources d'émissions négatives. Enfin il convient de ne pas négliger d'autres possibilités telles que la conversion en installation nucléaire, le stockage thermique ou une combinaison des deux. La conversion ou la rénovation des centrales à charbon offrent de nombreux avantages, en particulier la perspective d'un processus d'autorisation plus rapide, et l'utilisation des raccordements au réseau existants, deux goulets d'étranglement importants identifiés dans les transitions vers les énergies propres.

## Conclusions

Les recommandations suivantes sont fournies pour aider à renforcer la sécurité énergétique au cours de la transition, c'est-à-dire tant que les énergies propres et les combustibles fossiles coexistent et sont tous deux nécessaires pour assurer la fiabilité des services énergétiques.

- Synchroniser le déploiement à grande échelle d'un ensemble de technologies liées aux énergies propres avec la réduction de l'utilisation des combustibles fossiles. Il est essentiel d'investir dans les énergies propres pour éviter de futures crises tout en réduisant les émissions. Dans le scénario Zéro émission nette à l'horizon 2050, il est prévu de consacrer environ 9 USD aux énergies propres d'ici à 2030 pour chaque 1 USD dépensé en rapport avec les combustibles fossiles. Réduire les investissements dans les combustibles fossiles avant d'intensifier les investissements dans les énergies propres entraînerait une flambée des prix de l'énergie et compromettrait le soutien des populations aux transitions énergétiques.
- Agir au niveau de la demande et donner la priorité à l'efficacité énergétique. La crise énergétique met en lumière le rôle crucial que jouent l'efficacité énergétique et les mesures comportementales pour aider à prévenir les déséquilibres entre l'offre et la demande. Depuis 2000, les actions en faveur de l'efficacité ont substantiellement réduit la consommation énergétique spécifique, mais le rythme d'amélioration s'est ralenti ces dernières années. Les politiques destinées à accélérer la vitesse des rénovations sont indispensables étant donné que plus de la moitié des bâtiments qui seront en service en 2050 ont déjà été construits.
- Contribuer à faire baisser le coût du capital sur les marchés émergents et dans les économies en développement. En 2021, le coût d'investissement dans une centrale photovoltaïque était deux à trois fois plus élevé dans les grandes économies émergentes que dans les économies avancées et en Chine. Remédier aux risques associés et réduire de 200 points de base le coût du capital sur les marchés émergents et dans les économies en développement permettrait de faire baisser de 15 000 milliards USD les coûts de financement cumulés nécessaires pour parvenir à la neutralité carbone d'ici à 2050.
- Gérer avec la plus grande attention possible la mise à l'arrêt et l'utilisation des infrastructures existantes. Certaines parties des infrastructures fondées sur les combustibles fossiles assurent des fonctions qui resteront essentielles pendant un certain temps, même si la transition énergétique est rapide. Il s'agit notamment des centrales à gaz qui assurent la sécurité de l'approvisionnement en électricité – dans l'Union européenne, les besoins en gaz naturel nécessaires pour gérer la demande de pointe augmentent jusqu'en 2030 alors même que la demande globale diminue de 50 % – ou encore des raffineries qui alimentent le parc résiduel de véhicules à moteur à combustion interne. La mise à l'arrêt non planifiée ou prématurée de ces infrastructures pourrait avoir des conséquences négatives sur la sécurité énergétique.
- Traiter les risques spécifiques auxquels sont confrontés les économies productrices. Pour limiter ces risques, il sera essentiel de compter sur la diversification. Certains pays investissent une partie des bénéfices exceptionnels qu'ils tirent actuellement du pétrole et du gaz dans les énergies renouvelables et l'hydrogène à faibles émissions. Les recettes qu'il est possible de tirer de l'exportation de l'hydrogène ne peuvent se substituer à celle du pétrole et du gaz, mais les technologies renouvelables à faible coût et le captage, le stockage et l'utilisation du carbone peuvent constituer une source durable d'avantages économiques en attirant les investissements dans les secteurs à forte intensité énergétique.

- Investir dans la flexibilité pour renforcer la sécurité de l'approvisionnement en électricité. Les transitions exigent un approvisionnement en électricité fiable attendu que la part de cette source d'énergie dans la consommation finale passe de 20 % aujourd'hui à 50 % dans le scénario Zéro émission nette de l'AIE. Du fait de la variabilité accrue de l'offre et de la demande d'électricité, l'exigence de flexibilité quadruple d'ici le milieu du siècle dans les deux scénarios. Le stockage par batterie et la réponse à la demande deviennent de plus en plus importants, chacun de ces mécanismes fournissant un quart de la flexibilité requise en 2050.
- Assurer la diversité et la résilience des chaînes d'approvisionnement liées aux énergies propres. La demande de minéraux critiques associée aux technologies énergétiques propres devrait quadrupler d'ici à 2050, avec des recettes annuelles s'établissant à 400 milliards USD. Si les prix de ces minéraux sont trop élevés et volatils et si les chaînes d'approvisionnement sont trop concentrées, cela pourrait retarder les transitions énergétiques ou les rendre plus coûteuses. Réduire ce risque au minimum exige d'agir en vue d'intensifier et de diversifier les approvisionnements, tout en favorisant le recyclage et d'autres mesures destinées à modérer la croissance de la demande.
- Favoriser la résilience climatique de l'infrastructure énergétique. La fréquence et l'intensité croissantes des phénomènes météorologiques extrêmes présentent des risques majeurs pour la sécurité des approvisionnements énergétiques. L'analyse que l'AIE a conduite des risques auxquels sont exposés quatre actifs représentatifs montre que l'impact financier potentiel d'une inondation pourrait représenter 1.2 % de la valeur totale de ces actifs en 2050 et, dans un cas, serait quatre fois supérieure en l'absence de dispositif de protection contre les inondations. Les pouvoirs publics doivent anticiper les risques et veiller à ce que les systèmes énergétiques aient la capacité d'absorber les effets négatifs du changement climatique et de les surmonter.
- Fournir des orientations stratégiques et remédier aux défaillances des marchés, mais sans les démanteler. Les pouvoirs publics doivent être les premiers à agir pour assurer des transitions énergétiques sûres en s'attaquant aux perturbations du marché et en en corrigeant les défaillances. Cependant, il est peu probable que les transitions soient efficaces si elles sont gérées sur la seule base d'une approche descendante. Les pouvoirs publics doivent mettre à profit les vastes ressources des marchés et inciter les acteurs privés à jouer leur rôle. Quelque 70 % des investissements requis dans les transitions doivent venir de sources privées.

## Références

AIE (2022), *Perspectives énergétiques mondialesWorld Energy Outlook 2022*, Éditions OCDE, Paris, https://doi.org/10.1787/3a469970-en. [1]

OCDE/AEN (2011), *La sécurité d'approvisionnement énergétique et le rôle du nucléaire*, Développement de l'énergie nucléaire, Éditions OCDE, Paris, https://doi.org/10.1787/9789264096394-fr. [2]

## Notes

[1] Agence internationale de l'énergie

[2] Depuis 2018, les recettes annuelles du secteur pétrolier et gazier avoisinent les 3 500 milliards USD. Près de la moitié sont allées à des États, 40 % ont servi à financer des investissements, et 10 % sont retournées aux actionnaires ou ont servi à rembourser la dette.

[3] Deux caractéristiques essentielles déterminent l'impact des différents GES sur le climat : la durée de leur séjour dans l'atmosphère et leur capacité à absorber l'énergie. Le méthane a une durée de vie dans l'atmosphère beaucoup plus courte (environ 12 ans) que le dioxyde de carbone (plusieurs siècles), mais il absorbe beaucoup plus d'énergie. Il existe plusieurs moyens de combiner ces facteurs pour estimer l'effet sur le réchauffement planétaire et exprimer une tonne de méthane en équivalent $CO_2$. L'indicateur le plus courant est le potentiel de réchauffement global (PRG), même si différents coefficients de conversion peuvent être appliqués. Si l'on considère l'impact du méthane sur une période de 20 ans (PRG20), une tonne de méthane équivaut à 82 à 87 tonnes de $CO_2$. En revanche, si l'on considère l'impact du méthane sur une période de 100 ans (PRG100), une tonne de méthane équivaut à environ 30 tonnes de $CO_2$. D'autres indicateurs tels que le potentiel d'évolution de la température planétaire peuvent aussi être utilisés pour établir un lien plus étroit entre les émissions de méthane et la hausse de la température à laquelle il faut s'attendre à l'avenir.

# 5. Gérer les conséquences de l'investissement international sur la sécurité

Ana Novik, Joachim Pohl et Nicolás Rosselot[1]

## Introduction

L'investissement étranger procure des avantages aux pays d'origine comme aux pays d'accueil de même qu'aux sociétés. Il contribue à stimuler la croissance, l'emploi et le développement. Les évolutions récentes sur le plan géopolitique et géoéconomique et les avancées technologiques rapides ont cependant amené à porter une attention accrue aux conséquences, sur la sécurité, de certains investissements étrangers. Pour gérer ces conséquences, de nombreux États, en particulier parmi les économies avancées, ont procédé à des ajustements de leurs politiques de l'investissement.

La sécurité des investissements est une composante des efforts déployés par les États de façon plus large pour renforcer leur sécurité économique, fortement corrélée à des initiatives plus récentes engagées pour faire face aux risques associés aux interactions économiques internationales. De nombreux pays disposent depuis des décennies d'outils concernant l'investissement, et en disposaient donc bien avant que la montée récente des inquiétudes à propos de la sécurité économique n'entraîne des changements de politique dans d'autres domaines comme la résilience des chaînes d'approvisionnement, etc. Les instruments élaborés pour gérer les préoccupations que suscite l'investissement au regard de la sécurité peuvent à ce titre inspirer et éclairer les initiatives en faveur de la sécurité économique conduites dans d'autres domaines.

Parce que c'est un domaine de la sécurité économique dans lequel les évolutions ont commencé tôt et les avancées ont été rapides, la sécurité des investissements peut être une source d'éclairages importants à prendre en considération dans le cadre d'une réflexion sur les politiques publiques à mener dans d'autres domaines exposés à des enjeux de sécurité économique. L'expérience acquise en la matière peut être transposable à d'autres champs tels que la coopération en matière de recherche et les échanges internationaux de chercheurs, l'investissement sortant, ainsi que certains aspects des échanges.

Le présent chapitre a pour objet de décrire comment les outils de sécurité des investissements ont été mis au point et de tenter d'en prévoir l'évolution. Il démontre le rôle important joué par les principes convenus au niveau international, comme les Lignes directrices de l'OCDE de 2009 sur les politiques d'investissement relatives à la sécurité nationale, ainsi que par l'apprentissage mutuel, dans l'élaboration de politiques conciliant la nécessité impérieuse de ne pas renoncer à l'ouverture à l'investissement international et le souci de donner davantage la priorité à la gestion des conséquences de cette ouverture sur le plan de la sécurité. Les enseignements de l'expérience dans ce domaine novateur peuvent également permettre aux pouvoirs publics d'anticiper les besoins qui se profilent, et de réfléchir à d'autres outils pouvant entrer dans la composition de politiques globales en matière de sécurité économique.

## Apparition et évolution des instruments de sécurité des investissements

L'investissement étranger contribue à la prospérité à tous les stades du développement économique et les États poursuivent l'effort engagé depuis des décennies pour ouvrir leurs économies aux capitaux étrangers. C'est la raison pour laquelle les obstacles aux flux de capitaux internationaux qui subsistent sont progressivement abaissés, et que rares sont les restrictions à l'investissement international qui demeurent actuellement en place[2].

Cette dynamique d'ouverture coexiste avec la nécessité, pour les pouvoirs publics, de faire face aux risques qui peuvent être associés à certains investissements étrangers et qui peuvent menacer leurs intérêts en termes de sécurité. Dans l'ensemble, et jusqu'à une date récente, les politiques élaborées pour gérer ces risques étaient certes définies dans les textes mais, dans la plupart des économies, elles ne jouaient qu'un rôle négligeable dans la pratique.

Plusieurs facteurs ont entraîné un changement sans précédent d'état d'esprit et de politique dans ce domaine au cours de la dernière décennie. Les évolutions géopolitiques et géoéconomiques ont fait monter les inquiétudes relatives aux conséquences de l'investissement étranger sur la sécurité. Le rôle croissant d'investisseurs pilotés ou soutenus par des États participant à l'investissement international, l'existence de programmes explicites d'acquisition de savoir-faire dans des secteurs sensibles, l'observation d'attitudes plus affirmées au regard des dimensions économique et militaire dans certaines régions et les crises mondiales sont autant de facteurs ayant contribué à une prise de conscience des risques attestés par la mise en évidence des conséquences des dépendances et des vulnérabilités. Le développement rapide de certaines technologies, leurs applications militaires potentielles et l'expansion énorme de la masse de données personnalisées sensibles ont également nourri des inquiétudes quant aux risques non négligeables dont peuvent s'accompagner occasionnellement des investissements étrangers. Ces risques peuvent notamment être liés à des caractéristiques classiques des activités d'espionnage et de sabotage qu'une présence étrangère dans un pays pourrait faciliter dans certaines circonstances, en particulier dans les zones frontalières ou à proximité de sites sensibles ; à la fuite potentielle de technologies ou d'informations sensibles susceptibles d'être exploitées par des acteurs malveillants ou pour renforcer les capacités militaires de pays étrangers ; et à des dépendances vis-à-vis de certaines économies étrangères, en particulier dans des secteurs stratégiques[3].

Compte tenu de ces évolutions, de nombreux États, en particulier parmi les membres de l'OCDE, ont nuancé leur position d'ouverture jusqu'ici quasi-inconditionnelle à l'investissement international. Ils ont mis en place de nouvelles mesures pour gérer les risques pour la sécurité et ont considérablement renforcé les mesures existantes. Même les pays qui se sentaient peu exposés à ce type de risques il y a seulement quelques années ont pris le temps d'examiner de plus près les conséquences, pour leur sécurité, de certains projets d'investissement étranger. Le mouvement se poursuit dans de nombreuses économies avancées, mais les différences observées entre les pays de l'OCDE et au-delà sont considérables, certains États se montrant plus réticents à adopter des mesures face aux risques pour leur sécurité associés à l'investissement.

Dans la plupart des pays de l'OCDE, les risques liés à l'investissement continuent d'occuper une place centrale dans les stratégies de sécurité économique. Ces stratégies témoignent de l'inquiétude que suscitent la présence d'investisseurs étrangers dans des zones sensibles, notamment des zones frontalières[4], ou la détention, par des investisseurs étrangers, de participations importantes dans des entreprises exerçant des activités sensibles, notamment des entreprises exploitant des infrastructures critiques, lesquelles pourraient faciliter des tentatives d'espionnage ou de sabotage ou conférer à ces investisseurs un pouvoir d'influence sur les gouvernements des pays de destination de leurs investissements[5]. Les stratégies de sécurité économique visent également l'accès à des données sensibles dans les pays d'accueil ainsi que les fuites de technologies fortuites[6] et la création éventuelle de dépendances économiques et financières[7].

Le Graphique 5.1 montre la dynamique des changements de politique dans 72 économies avancées, émergentes et en développement[8]. Il présente les chiffres correspondant au nombre total de politiques et de réformes nouvelles adoptées chaque année, à partir de 1990, dans le domaine de la gestion des risques liés à l'investissement et il met en évidence une accélération significative après 2014 ainsi qu'un dynamisme de l'activité d'élaboration de politiques publiques qui ne se dément pas. Les réformes annoncées dans les économies composant l'échantillon donnent à penser que la dynamique de réforme restera soutenue, au moins dans un avenir proche[9].

### Graphique 5.1. Adoption de politiques d'investissement visant à sauvegarder les intérêts de la sécurité nationale et réforme de ces politiques

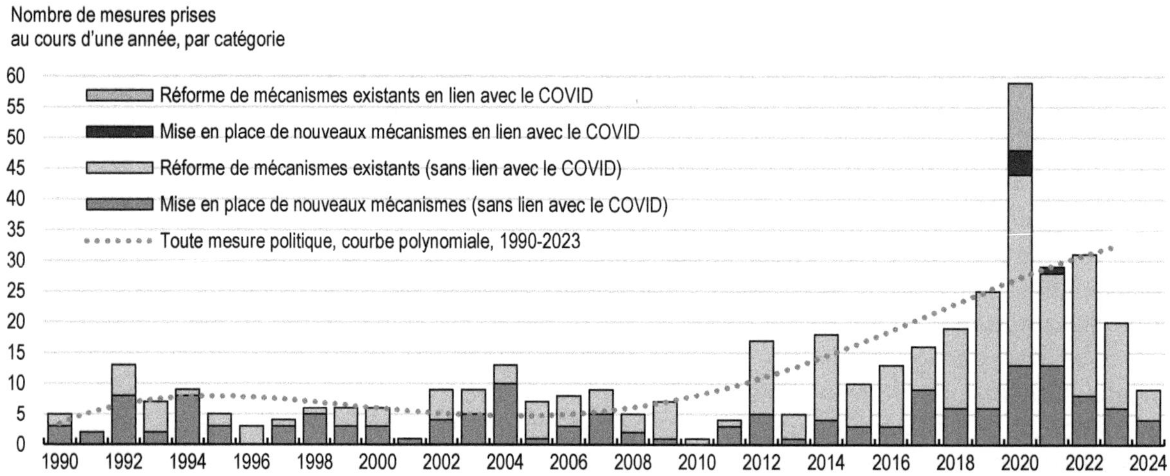


Note : l'échantillon comprend 72 économies avancées, émergentes et en développement appartenant au sous-ensemble de 83 économies. Il est possible de comptabiliser plus d'une mesure pour un pays donné au titre d'une même année. Un nouveau mécanisme, ou une nouvelle réforme, est associé au COVID-19 si le gouvernement a explicitement justifié sa mise en place, au moins en partie, par la pandémie ou ses répercussions.
Source : OCDE.

Les crises récentes ont plus ou moins façonné l'évolution de la politique en matière d'investissement étranger. La crise financière mondiale de 2008/09 n'avait eu que peu d'impact immédiat sur les évolutions dans ce domaine, les responsables des politiques de l'investissement s'étant concentrés sur la gestion des retombées immédiates de cette crise plutôt que sur ses conséquences sur la sécurité. À son tour, la pandémie de COVID-19 a déclenché un nombre considérable de changements de politique qui étaient explicitement liés à la crise (OCDE, 2020[1])[10]. La guerre d'agression menée par la Russie contre l'Ukraine s'est également accompagnée de nouvelles réorientations de l'action des pouvoirs publics en 2022, mais elle a dans l'ensemble eu des effets moindres sur la dynamique à l'œuvre (OCDE, 2022[2]). Cela s'explique probablement par le fait que la guerre a provoqué des perturbations économiques de moindre ampleur dans un nombre limité de pays, qu'un renforcement des politiques venait tout juste d'être opéré et n'avait pas été remis en cause depuis la crise précédente, et enfin que les secteurs en lien avec des conflits militaires étaient déjà couverts, dans la plupart des pays, par les politiques en matière d'investissement en rapport avec les intérêts de la sécurité nationale[11].

Les changements de politique ne se sont pas produits au même moment dans tous les pays. Si la plupart des économies avancées et des grandes économies émergentes ont adopté de nouvelles politiques ou entrepris des réformes dès 2014, les économies émergentes et en développement ne leur ont emboîté le pas qu'à partir de 2020 (comme l'Afrique du Sud, le Moldova, les Philippines et le Viet Nam). Des réformes sont actuellement à l'étude notamment en Bosnie-Herzégovine et en Macédoine du Nord.

## Dans les pays de l'OCDE, le filtrage des investissements est devenu le moyen le plus fréquemment utilisé pour gérer les conséquences des investissements étrangers sur la sécurité

La question de savoir comment gérer au mieux les risques liés aux investissements a donné lieu à des réponses différentes selon les pays et les périodes. Au cours des premières décennies, les instruments de gestion des risques pour la sécurité matérialisaient des approches très diverses et présentaient des caractéristiques idiosyncratiques. Ils pouvaient prendre la forme de l'introduction d'actions spécifiques, de mesures de plafonnement de l'actionnariat étranger, de l'instauration d'une obligation d'obtenir une autorisation administrative pour pouvoir acquérir des groupes d'actifs déterminés ou de conduire une évaluation de la sécurité au moment de la création ou de l'immatriculation d'une entreprise, ou encore de mécanismes de filtrage des investissements (OCDE, 2020[3]). En plus de ces instruments ayant pour fonction de gérer les risques en contrôlant l'acquisition de la propriété d'actifs sensibles, certains pays imposent l'obtention d'autorisations pour l'exercice d'activités sensibles (telles que la fourniture de certains services ou la distribution de certains produits), des restrictions à la participation aux marchés publics ou l'inéligibilité à des aides ou subventions pour des raisons de sécurité.

La fréquence relative avec laquelle ces différents instruments sont utilisés évolue à mesure que de nouveaux mécanismes entrent en vigueur et que les plus anciens sont progressivement supprimés ou remplacés. Le Graphique 5.2 illustre l'évolution de la répartition relative de quatre des approches, en matière de gestion des risques pour la sécurité associés à l'investissement étranger, les plus fréquemment suivies par les pays membres de l'OCDE au cours des trois dernières décennies. Il montre, dans les premiers temps, une tendance prédominante à recourir aux autorisations administratives obligatoires et, dans une moindre mesure, au plafonnement des participations étrangères. Le recours aux actions spécifiques n'a joué et ne continue de jouer qu'un rôle marginal. Environ les trois quarts des dispositifs en vigueur pendant la majeure partie des années 90 étaient des autorisations administratives obligatoires et des mesures de plafonnement des participations étrangères. Les initiatives récentes en matière d'élaboration des politiques ont entraîné un fléchissement relatif de la part représentée par ce type de mesures, et le filtrage des investissements est désormais le moyen le plus fréquemment employé dans les pays de l'OCDE pour répondre aux préoccupations relatives à la sécurité nationale associées à certains investissements internationaux.

Graphique 5.2. Fréquence relative du recours aux différents mécanismes de gestion des conséquences de l'investissement étranger sur la sécurité

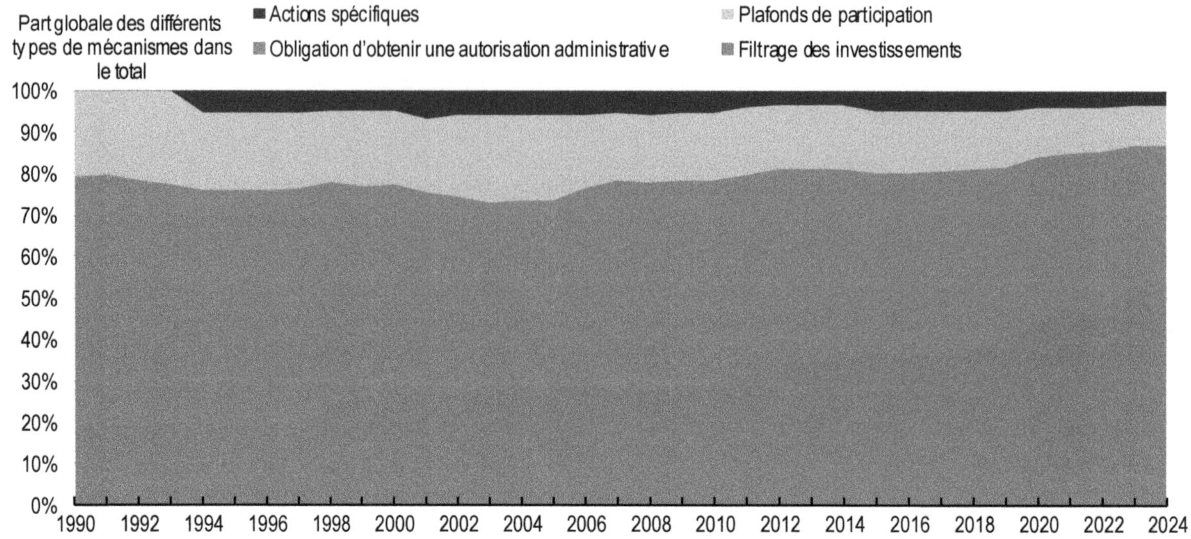


Note : données relatives aux membres de l'OCDE, montrant la fréquence relative avec laquelle ils recourent aux différentes approches, établie en comptabilisant chaque mécanisme séparément ; « 100 % » correspond au nombre total de mécanismes distincts relevant de l'une des quatre catégories d'approches suivies pendant une année donnée. Une économie peut faire usage de plusieurs dispositifs en même temps.
Source : OCDE.

Les échanges internationaux au sein de l'OCDE ainsi que les orientations énoncées dans les Lignes directrices de l'OCDE de 2009 sur les politiques d'investissement des pays d'accueil relatives à la sécurité (Lignes directrices de 2009) ont conduit à une plus grande similitude aux niveaux de la conception et de la mise en œuvre des instruments dans leur ensemble. Le filtrage des investissements, supposé passer par un examen, au cas par cas, d'une catégorie de transactions potentiellement problématiques, est devenu l'instrument le plus fréquemment utilisé pour traiter les risques associés aux investissements entrants.

Dans les pays de l'OCDE, la quasi-totalité des nouvelles politiques de l'investissement en rapport avec la sécurité nationale reposent sur des stratégies de filtrage des investissements. Plus de quatre membres de l'OCDE sur cinq appliquent désormais des mécanismes de filtrage des investissements, contre 55 % fin 2020 et un peu plus de 42 % il y a dix ans. La préférence accordée à ce type de mesures fait probablement suite aux recommandations énoncées dans les Lignes directrices de 2009 et à l'adoption des principes de non-discrimination, de transparence, de prévisibilité, de proportionnalité et de responsabilité, qui ont également inspiré les règles de l'UE figurant dans le Règlement (UE) 2019/452 du Parlement européen et du Conseil du 19 mars 2019 établissant un cadre pour le filtrage des investissements directs étrangers dans l'Union (Règlement (UE) 2019/452).

Les préférences données à tel ou tel instrument ou approche pour gérer les conséquences des investissements étrangers sur la sécurité ne cessent d'évoluer. De nouvelles approches voient le jour, au gré de l'évolution des stratégies et des comportements des investisseurs, de la perception des risques et des réalités économiques. De nombreuses économies avancées axent désormais leurs mécanismes de contrôle sur les fusions et acquisitions alors que certaines économies émergentes se préoccupent davantage des risques pour la sécurité associés aux activités d'entreprises nouvellement créées ou immatriculées.

## Le champ d'application des politiques de l'investissement en rapport avec la sécurité nationale s'est considérablement élargi

Les changements observés dans l'environnement géopolitique et géoéconomique et dans la façon d'appréhender les facteurs de risques et les besoins ont également suscité une modification du champ d'application des mécanismes d'examen des investissements. Alors qu'au cours des décennies précédentes, la plupart des mécanismes employés étaient spécifiques à un secteur ou à un petit nombre de secteurs, les dispositifs intersectoriels ou multisectoriels sont depuis quelque temps devenus plus courants. Les mécanismes intersectoriels prennent en compte les conséquences de l'investissement sur la sécurité tous secteurs confondus tandis que les mécanismes multisectoriels s'appliquent à un grand nombre de secteurs économiques considérés comme sensibles. Les mécanismes réservés à un seul secteur restent souvent en vigueur parallèlement à ceux s'appliquant à plusieurs secteurs ou à l'ensemble des secteurs. La tendance à opter pour une application trans-sectorielle ou multisectorielle des politiques, observée depuis le début des années 90, s'est récemment encore accélérée, bien au-delà des pays membres de l'OCDE (Graphique 5.3).

### Graphique 5.3. Extension des politiques d'investissement motivées par des considérations de sécurité nationale et élargissement de leur périmètre d'application

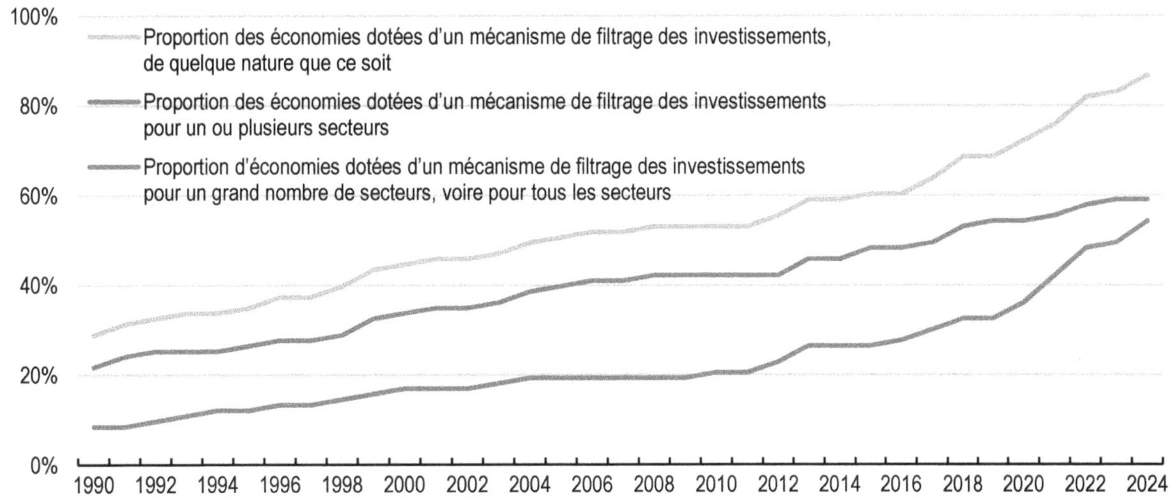


Note : les données montrent que des mécanismes d'examen des investissements sont en vigueur dans un sous-ensemble de 61 économies sur les 72 considérées.
Source : OCDE.

L'évolution de la couverture sectorielle des mécanismes d'examen des investissements a entraîné des changements notables dans la composition des secteurs qui peuvent faire l'objet d'une surveillance. Jusque dans les années 90, les mesures visaient presque exclusivement le secteur de la défense et l'immobilier dans les zones sensibles, au moyen de mécanismes portant sur un seul secteur à la fois. La couverture sectorielle s'est nettement diversifiée depuis. Les infrastructures critiques – lorsqu'elles ne sont pas couvertes par des mécanismes de filtrage instaurés à l'échelle de l'économie tout entière – ont été explicitement incluses, depuis le début des années 90, dans le champ d'application d'autres mécanismes, et les technologies critiques et émergentes sont apparues comme un secteur distinct vers la fin des années

90. Depuis quelque temps, les transactions dans les secteurs de l'énergie et des matières premières sont de plus en plus soumises à un filtrage des investissements (Graphique 5.4).

Si l'ajout de certains secteurs a pour but de faire face à des risques résultant de processus s'inscrivant dans la durée, comme la privatisation des infrastructures critiques, d'autres changements obéissent à la nécessité de répondre à des risques identifiés depuis peu. Dans de nombreuses économies, les infrastructures de santé et les biotechnologies par exemple ont rapidement été intégrées dans le périmètre des mécanismes de gestion des conséquences des investissements étrangers sur la sécurité en 2020, au moment où de graves pénuries de vaccins et de matériel médical se sont produites pendant la pandémie de COVID-19 (OCDE, 2020[1]).

### Graphique 5.4. Couverture sectorielle des mesures mises en place pour gérer les conséquences de l'investissement étranger sur la sécurité

Secteur couvert (part des économies appliquant un mécanisme, quel qu'il soit, au cours d'une année donnée)

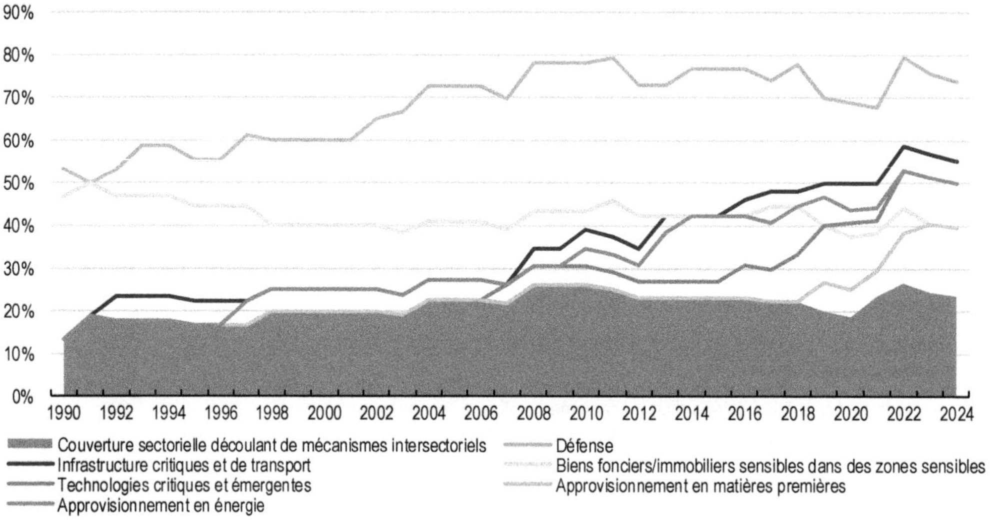


Note : les graphiques montrent l'occurrence agrégée de la couverture de chaque secteur désigné dans les politiques d'investissement en lien avec des intérêts de sécurité nationale, pour une année donnée, dans les pays membres de l'OCDE. La législation peut donner des définitions différentes de ces secteurs et les données agrégées ont été calculées de façon à améliorer la lisibilité. La zone grisée correspond à la proportion de mécanismes intersectoriels qui couvrent les secteurs indiqués sans que ceux-ci soient expressément mentionnés.
Source : OCDE.

## Les crises récentes ont attiré l'attention sur des points sensibles dans d'autres secteurs

Les crises mondiales récentes ont attiré l'attention des pouvoirs publics sur les entreprises exerçant leur activité dans certains secteurs critiques et dans des secteurs intégrés à l'échelle mondiale. Cette prise de conscience les a amenés à exercer une surveillance accrue sur les acquisitions d'entreprises dans le secteur des technologies critiques et émergentes (TEC) et d'entreprises fournissant certains intrants critiques, notamment des matières premières critiques, de l'énergie et des denrées alimentaires, et, lorsque ce n'était pas le cas auparavant, à les faire entrer dans le champ d'application des mécanismes de filtrage des investissements.

### *Investissements étrangers dans des technologies critiques et émergentes*

Le caractère sensible des activités des entreprises liées aux TEC est reconnu depuis des décennies et la réflexion sur l'opportunité d'exercer un contrôle sur les acquisitions d'entreprises de cette nature remonte aux années 80. Dans certains pays, le secteur était couvert par des mécanismes applicables à l'échelle de l'économie tout entière, et dès le début des années 2000, il relevait explicitement du champ d'application des mécanismes de gestion des conséquences des investissements étrangers sur la sécurité ; cette tendance s'est nettement accélérée depuis 2015. L'intelligence artificielle (IA), qui est une technologie structurante à usages multiples, a récemment été ajoutée à la liste des secteurs explicitement couverts par des mécanismes de filtrage (OCDE, 2021[4]). Plusieurs sous-secteurs du secteur des TEC, comme les semi-conducteurs, les technologies quantiques et la robotique, sont désormais couverts par environ 40 % des mécanismes en place dans les pays de l'OCDE ayant instauré des mesures de ce type, et dans de nombreux pays, ils sont traités au moyen de dispositifs spécifiques. Le Graphique 5.5 présente une ventilation par sous-secteur et illustre l'évolution dans le temps depuis 2000.

Graphique 5.5. Technologies critiques et émergentes : couverture par les politiques de gestion des conséquences de l'investissement étranger sur la sécurité

Secteur couvert (part des économies appliquant un mécanisme, quel qu'il soit, au cours d'une année donnée)

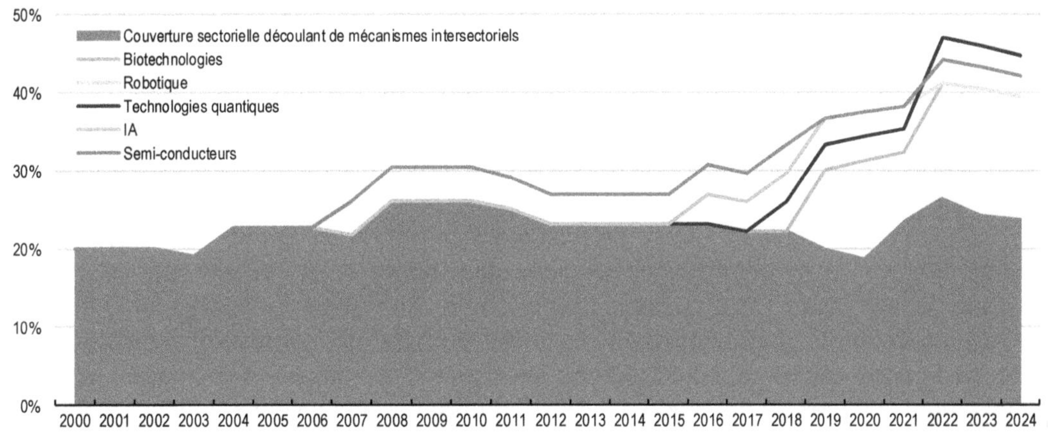


Note : les données relatives aux pays membres de l'OCDE montrent l'occurrence agrégée de la couverture de chaque secteur désigné dans les politiques d'investissement en lien avec des intérêts de sécurité nationale, dans le sous-ensemble des juridictions qui ont mis en place une politique d'investissement pendant l'année considérée. La législation peut donner une définition différente de ces secteurs et les données agrégées ont été calculées de façon à améliorer la lisibilité. La zone grisée correspond à la proportion de mécanismes intersectoriels qui couvrent les secteurs indiqués sans que ceux-ci soient expressément mentionnés.
Source : OCDE.

L'offre de TEC et l'accès à ces technologies sont également au cœur d'initiatives engagées aux niveaux national et international. Il s'agit notamment, sur le plan national, de tentatives pour prévoir et identifier les technologies futures pour lesquelles un contrôle des investissements étrangers ou des mesures connexes se justifient[12] ou soumettre des technologies de pointe à une surveillance plus stricte[13] ou à des règles et des mécanismes spécifiques[14]. Ces initiatives s'ajoutent aux efforts entrepris pour réglementer l'accès à ces technologies, lorsqu'elles peuvent avoir des répercussions sur la sécurité nationale, en instaurant une coopération internationale ou en la renforçant[15].

Les inquiétudes croissantes concernant l'accès d'entreprises étrangères aux TEC transparaissent également dans les statistiques sur le nombre de dossiers traités[16], et en particulier sur le nombre d'examens approfondis rapporté au nombre total de projets d'investissement, ainsi que dans les mesures d'atténuation des risques[17].

### *Résilience des chaînes d'approvisionnement*

Les chocs subis au niveau des chaînes d'approvisionnement ont commencé à attirer l'attention des pouvoirs publics en 2020, lorsque la pandémie de COVID-19 a entraîné des pénuries de produits et services essentiels dont la disponibilité était jusqu'alors considérée comme acquise. La guerre d'agression menée par la Russie contre l'Ukraine a encore amplifié les motifs d'inquiétude. Les rapports entre l'investissement étranger et la résilience des chaînes d'approvisionnement sont ambivalents : l'investissement étranger peut en effet réduire les dépendances en contribuant à l'élargissement des sources d'approvisionnement, mais il peut aussi entraîner une concentration des approvisionnements auprès d'un plus petit nombre de fournisseurs ou la prise de contrôle de l'offre par des entreprises potentiellement peu fiables. Plusieurs pays ont de ce fait commencé à ajuster leurs politiques de l'investissement afin de mettre les mécanismes de filtrage des investissements et autres instruments similaires au service d'une plus grande résilience de leurs chaînes d'approvisionnement.

Le sujet, en tant que tel, n'est pas nouveau, comme l'atteste l'attention portée depuis longtemps à la production pour la défense. C'est d'ailleurs la raison pour laquelle des restrictions à la participation d'acteurs étrangers dans la production pour la défense avaient déjà été instaurées par plusieurs pays. Ce qui est nouveau, c'est l'élargissement de la liste des secteurs dont l'inclusion dans le champ d'application des mécanismes de filtrage des investissements est motivée par des préoccupations relatives à la résilience des chaînes d'approvisionnement englobant désormais, entre autres, l'approvisionnement en matières premières critiques, en énergie, en denrées alimentaires et en biens et services liés à la santé. Le Graphique 5.6 décrit la fréquence relative avec laquelle certains domaines sont couverts par les mécanismes de gestion des conséquences de l'investissement étranger sur la sécurité, sur la période comprise entre 1990 et 2024.

Un autre changement découlant des préoccupations relatives à la résilience des chaînes d'approvisionnement est la reconnaissance explicite des menaces qui pèsent sur celle-ci comme un facteur de risque dans le cadre des processus d'examen des investissements. Les autorités chargées du filtrage des investissements sont désormais censées prendre en compte des facteurs tels que la concentration de la propriété ou du contrôle entre les mains d'investisseurs étrangers dans les chaînes d'approvisionnement critiques, la présence d'autres fournisseurs aux niveaux national et international, et les conséquences, pour la sécurité des approvisionnements, des relations avec d'autres secteurs critiques ou entités publiques concernées par la transaction.

Les textes législatifs adoptés récemment en la matière en Estonie, au Luxembourg, à Malte ou en Slovaquie disposent par exemple explicitement que la fourniture d'intrants critiques est un facteur que les autorités doivent prendre en compte dans l'évaluation des risques d'une transaction donnée pour la sécurité. Les États-Unis et le Japon, mais ils ne sont pas les seuls, ont publié de nouvelles déclarations de principe ou lignes directrices invitant à intégrer ces considérations et à tracer des orientations supplémentaires sur les facteurs à prendre en compte dans les examens des investissements. Le nombre de transactions ayant fait l'objet d'un examen dans le cadre duquel il a été question d'intrants critiques a sensiblement augmenté ces dernières années, selon les chiffres officiels[18].

Graphique 5.6. Intrants critiques : couverture par les politiques de gestion des conséquences de l'investissement étranger sur la sécurité

Secteur couvert (part des économies appliquant un mécanisme, quel qu'il soit, au cours d'une année donnée)

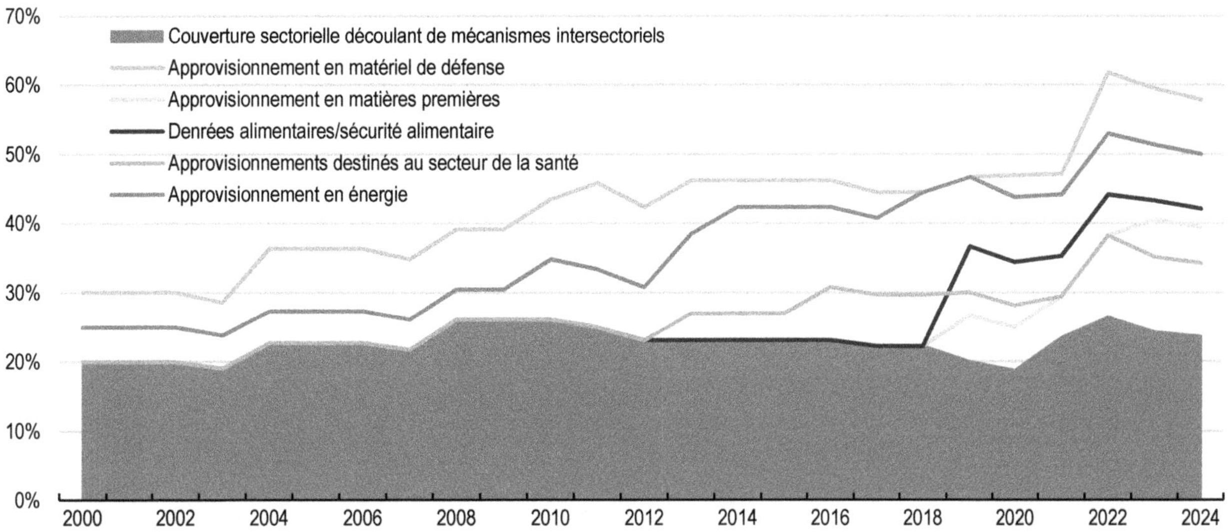


Note : les données relatives aux pays membres de l'OCDE montrent l'occurrence agrégée de la couverture de chaque secteur désigné dans les politiques d'investissement en lien avec des intérêts de sécurité nationale, dans le sous-ensemble des juridictions qui ont mis en place une politique d'investissement pendant l'année considérée. La législation peut donner des définitions différentes de ces secteurs et les données agrégées ont été calculées de façon à améliorer la lisibilité. La zone grisée correspond à la proportion de mécanismes intersectoriels qui couvrent les secteurs indiqués sans que ceux-ci soient expressément mentionnés.
Source : OCDE.

## Le nombre de transactions soumises à un mécanisme de filtrage a sensiblement augmenté ces dernières années

Le nombre de transactions soumises à un mécanisme de filtrage a considérablement augmenté depuis 2017, en particulier en Europe, mais aussi au Japon et au Canada (Graphique 5.7). Cela s'explique en partie par l'adoption de nouveaux mécanismes et par l'élargissement de leur champ d'application. Dans plusieurs juridictions, le nombre de transactions a toutefois récemment atteint un plateau, peut-être en raison de la baisse des flux mondiaux d'IDE en 2022 et 2023 (OCDE, 2024[5]).

Graphique 5.7. Nombre de dossiers soumis aux mécanismes de filtrage des investissements

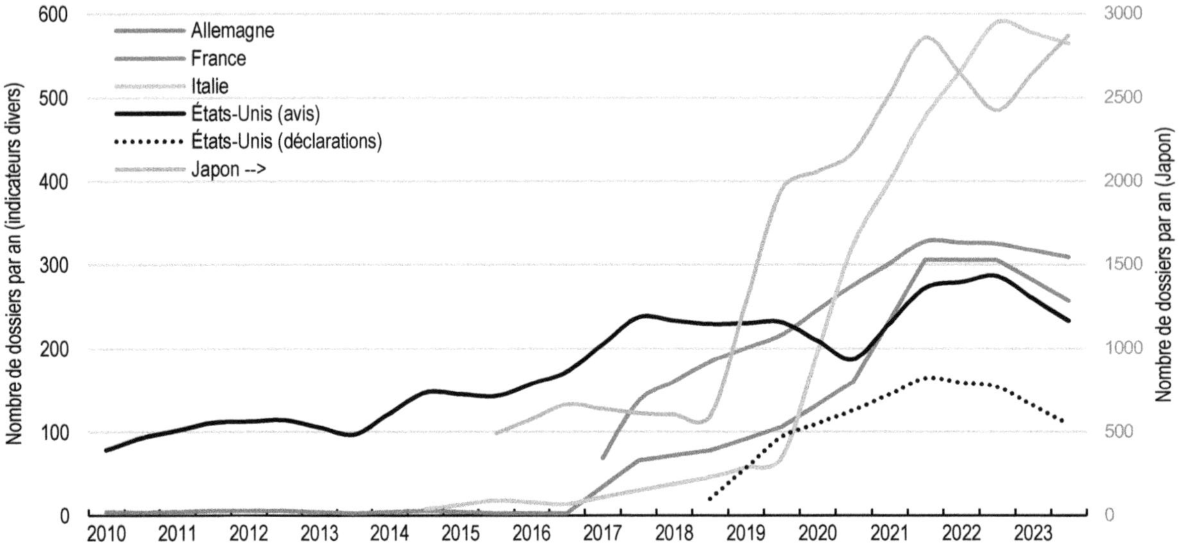


Note : les séries chronologiques correspondent aux données officielles communiquées par les pays jusqu'en février 2025. Les indicateurs diffèrent et dépendent de la disponibilité des données ; ils ne sont pas comparables d'un pays à l'autre. Ils sont également fonction de la manière dont les mécanismes d'examen des investissements sont conçus. Les données correspondent aux années civiles pour tous les pays, y compris ceux pour lesquels elles sont communiquées pour des exercices budgétaires allant de juillet à juin. Pour une meilleure lisibilité, les données relatives au Japon sont représentées sur l'axe de droite. Les données de l'Allemagne se rapportent aux examens réalisés au titre de l'un ou l'autre de ses deux mécanismes prévus par la loi (AWG) et l'ordonnance (AWG) sur le commerce extérieur, respectivement les §§ 55-59 et 60-62 ; celles de la France aux demandes déposées ; celles de l'Italie aux notifications communiquées ; celles des États-Unis aux notifications et déclarations communiquées ; et celles du Japon au nombre total de notifications préalables.
Source : OCDE, d'après les données communiquées par les pays.

Le nombre de transactions soumises à examen rapporté au nombre total d'opérations d'investissement entrant a également augmenté dans certains pays pour lesquels ces données sont disponibles. En Finlande par exemple, le nombre de projets d'investissement soumis à examen rapporté au nombre total de projets d'investissement entrant a été multipliée par six entre 2017 et 2023, passant de 3.7 % en 2017 à 22 % en 2023[19]. La France a fait état d'un doublement de ce chiffre entre 2017 et 2020 (de 11 % à 23 %), avant une stabilisation à 20 % en 2021[20].

Les pouvoirs publics ont mentionné plusieurs raisons pouvant expliquer cette tendance générale à la hausse, à savoir : l'élargissement du champ d'application des mécanismes[21], une meilleure connaissance, de la part des investisseurs, des obligations leur incombant, en matière de notification, et par voie de conséquence, un meilleur respect de ces obligations[22], ainsi que l'exposition de certains actifs à des risques de prise de contrôle, par des investisseurs étrangers dans le contexte de la pandémie de COVID-19[23]. Dans les États membres de l'UE, l'échange d'informations au titre des mécanismes de coopération prévus par le Règlement (UE) 2019/452 a également été cité comme un facteur d'augmentation du nombre de dossiers[24].

Le nombre de juridictions pour lesquelles on dispose d'informations plus détaillées sur les transactions notifiées aux autorités et soumises à examen est en hausse (OCDE, 2021[6]). Les données pour 2022 montrent que les investissements en provenance des pays de l'OCDE représentent la majeure partie des transactions ayant fait l'objet d'un examen (Graphique 5.8) ce qui s'explique probablement par le fait que les transactions effectuées par des investisseurs de pays de l'OCDE représentent une proportion élevée de l'ensemble des transactions. La plupart de ces transactions semblent avoir été valisées par les autorités sans autre intervention ; l'interdiction ou l'autorisation sous certaines conditions restent rares dans la plupart des pays de l'OCDE[25].

## Graphique 5.8. Origine des investisseurs parties à des transactions soumises à examen

Part des groupes de pays dans le total des transactions soumises à examen en 2022

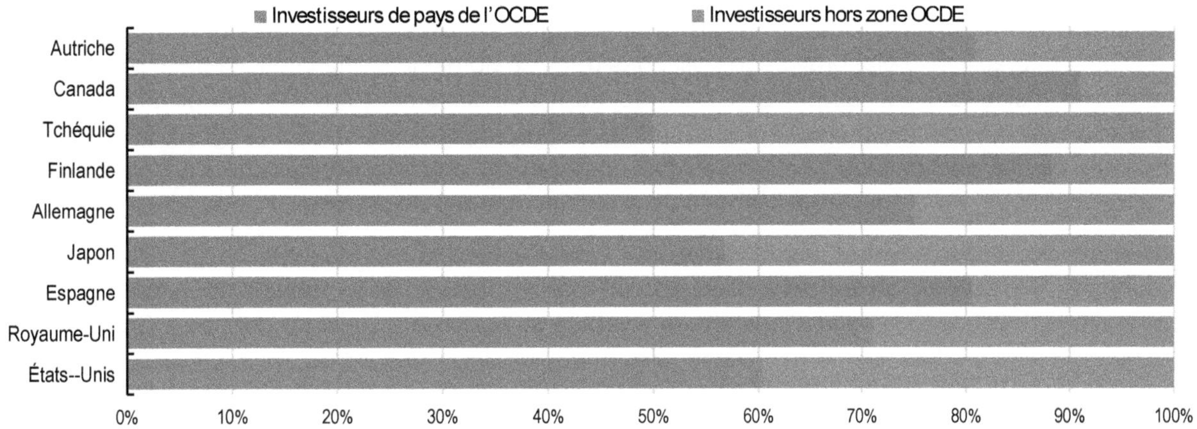


Note : les indicateurs varient et dépendent de la présentation et de la nature des données agrégées par les pays qui les notifient : Autriche : origine de l'investisseur désigné dans le dossier examiné ; Canada : origine de la déclaration d'investissement ; Finlande : origine des notifications ; Japon : notifications préalables ; Royaume-Uni : transactions éligibles ; États-Unis : avis et déclarations. Les données relatives à l'origine des investisseurs pour l'Allemagne, le Canada, l'Espagne et le Japon ne tiennent pas compte des investisseurs des pays de l'UE et de l'EEE non spécifiés en raison de l'indisponibilité de données ventilées. Les chiffres pour le Royaume-Uni ne tiennent pas compte des investisseurs nationaux qui sont soumis au National Security Investment Act adopté en 2021. Les données relatives à l'Autriche et au Japon font explicitement référence à la propriété effective. Les données ne sont pas normalisées pour le nombre de transactions provenant des groupes de pays, et c'est probablement ce qui contribue à expliquer la distribution.
Source : OCDE, d'après les données officielles communiquées par les pays.

## Les outils mis à disposition par l'OCDE contribuent à promouvoir les bonnes pratiques aux stades de la conception et de la mise en œuvre des mécanismes de filtrage des investissements

Le dialogue sur les politiques à suivre à l'OCDE et les règles élaborées par les acteurs concernés ont joué un rôle important dans l'élaboration des politiques de l'investissement liées à la sécurité nationale et dans l'adoption de modèles efficaces pour répondre aux préoccupations sécuritaires tout en préservant l'ouverture des marchés à l'investissement international. Ces mécanismes revêtent une importance particulière dans un domaine où la plupart des pays n'avaient guère d'expérience préalable et où le rythme des évolutions a été très soutenu.

Les Lignes directrices de l'OCDE de 2009 sur les politiques d'investissement des pays d'accueil relatives à la sécurité (OECD/LEGAL/0372, Lignes directrices de 2009) ont pour objet d'encourager les pays qui se dotent de politiques de l'investissement destinées à sauvegarder les intérêts de la sécurité à appliquer les principes de non-discrimination, de transparence, de prévisibilité, de proportionnalité et de responsabilité. Ces principes sont reconnus pour leur utilité en tant que référence au stade de la conception des politiques. Les échanges d'enseignements tirés de l'expérience entre responsables de l'action publique, facilités par l'OCDE, peuvent également aider les pouvoirs publics à adopter des solutions fondées sur les meilleures pratiques, en s'inspirant d'un large éventail d'exemples et de réformes dans ce domaine. Des études comparatives analytiques portant sur différents aspects de la conception des politiques et des points réguliers sur l'évolution des mesures prises viennent compléter les orientations et le dialogue sur les politiques à suivre entre les pays.

## Conclusions

Ces dix dernières années, des changements géopolitiques et géoéconomiques ont conduit les pouvoirs publics de nombreux pays à reconsidérer les conséquences des investissements étrangers et des participations étrangères dans des entreprises de secteurs sensibles de leur économie. Ce processus a donné lieu à une activité d'élaboration de politiques dans ce domaine d'une intensité sans précédent. Des mécanismes d'examen, au cas par cas, des projets d'investissement ont été mis en place, le champ d'application de ces mécanismes a été élargi et les règles applicables ont été progressivement durcies. Le nombre de transactions qui font l'objet d'un examen, et peuvent donnent lieu à une action de la puissance publique, s'est envolé en l'espace de quelques années seulement.

L'évaluation de l'impact de ces mécanismes sur l'investissement international en général, ou sur des secteurs ou des économies en particulier, est difficile à mesurer et le restera en raison du manque d'informations fines, de l'absence d'indicateurs valables et du nombre limité de données. Compte tenu de l'attachement des parties concernées à la discrétion sur les dossiers et du caractère sensible des considérations qui sous-tendent les décisions des pouvoirs publics, l'on sait peu de choses, ou l'on ne peut déduire de ce qu'on sait que peu de choses, sur les pratiques suivies par les différentes juridictions au stade de l'application de ces mécanismes.

Malgré la montée des inquiétudes autour de la sécurité dans un environnement géopolitique compliqué et après une succession de crises, les pays continuent de voir un intérêt à chercher à attirer des capitaux étrangers et à rester ouverts à l'investissement étranger. La coopération internationale au stade de la conception des politiques publiques, à laquelle l'OCDE œuvre, de même que l'élaboration d'orientations et de normes, aident les États à concilier la nécessité de gérer les conséquences, pour la sécurité, de certains investissements étrangers et le souci de ne pas renoncer à leur attachement à l'ouverture à l'investissement.

## Références

OCDE (2024), *FDI in Figures*, https://www.oecd.org/content/dam/oecd/en/topics/policy-sub-issues/fdi/FDI-in-Figures-April-2024.pdf/_jcr_content/renditions/original./FDI-in-Figures-April-2024.pdf. [5]

OCDE (2022), *International investment implications of Russia's war against Ukraine*, https://www.oecd.org/en/publications/international-investment-implications-of-russia-s-war-against-ukraine_a24af3d7-en.html. [2]

OCDE (2021), *OECD Business and Finance Outlook 2021: AI in Business and Finance*, Éditions OCDE, Paris, https://doi.org/10.1787/ba682899-en. [4]

OCDE (2021), *Transparency, Predictability and Accountability for investment screening mechanisms*, https://www.oecd.org/en/publications/transparency-predictability-and-accountability-for-investment-screening-mechanisms_61175d59-en.html. [6]

OCDE (2020), *Acquisition-and ownership-related policies to safeguard essential security interests - Current and emerging trends, observed designs, and policy practice in 62 economies*, https://www.oecd.org/fr/publications/2020/05/acquisition-and-ownership-related-policies-to-safeguard-essential-security-interests_ce081ae9.html. [3]

OCDE (2020), *Filtrage des investissements pendant la crise de la COVID-19 – et au-delà*, https://www.oecd.org/content/dam/oecd/fr/publications/reports/2020/07/investment-screening-in-times-of-covid-19-and-beyond_c3324953/8c27deef-fr.pdf. [1]

## Notes

[1] Direction des affaires financières et des entreprises de l'OCDE

[2] Pour avoir des informations par pays, voir l'Indice de restrictivité de la réglementation de l'IDE établi par l'OCDE (IDE RRI) à l'adresse https://www.oecd.org/en/data/indicators/fdi-restrictiveness.html.

[3] Davantage de détails sur ces évolutions et les préoccupations émergentes sont disponibles dans (OCDE, 2020[3]).

[4] La Stratégie de sécurité nationale de la Lituanie (telle que modifiée en 2021) mentionne la nécessité «d'élaborer et de mettre en œuvre efficacement un système de contrôle des investissements étrangers et des transactions réalisés par des investisseurs étrangers dans des (zones) stratégiques (...) afin de s'assurer que les investissements dans les zones protégées sont réalisés uniquement par des investisseurs (...) satisfaisant aux critères prévus par le dispositif national de filtrage des investissements».

[5] La Stratégie européenne en matière de sécurité économique met l'accent sur les préoccupations liées à certains investissements étrangers qui peuvent générer des « Risques de perturbation ou de sabotage d'infrastructures critiques, telles que les gazoducs et oléoducs, les câbles sous-marins, les installations de production d'électricité, les transports,, et les réseaux de communications électroniques, qui compromettent la sécurité et la fiabilité de la fourniture de biens et de services ou la sécurité des données dans l'Union ». De même, la Stratégie des Pays-Bas en matière de sécurité pour 2023 met l'accent sur la nécessité de renforcer la protection des infrastructures critiques contre les risques de prise de contrôle, de fusion et d'investissements étrangers indésirables en faisant entrer les fournisseurs d'infrastructures critiques désignés dans le champ d'application de la Loi relative au filtrage, à des fins de sécurité, des investissements et des opérations de fusion et d'acquisition.

[6] La Stratégie nationale de sécurité de la Suède pour 2024 fait référence à la nécessité d'améliorer la sensibilisation aux menaces liées au renseignement et aux risques d'investissements et d'acquisitions indésirables et de transferts de technologies illicites comme à un instrument de choix pour renforcer la sécurité économique.

[7] À titre d'exemple, dans le contexte d'une réforme récente de sa législation relative au filtrage des investissements, les autorités canadiennes ont annoncé que : « Le gouvernement du Canada s'est engagé à promouvoir la sécurité économique et à lutter contre l'ingérence étrangère en modernisant la LIC [la Loi sur Investissement Canada] afin de renforcer le processus d'examen de la sécurité nationale et de mieux atténuer les menaces pour la sécurité économique découlant de l'investissement étranger. »

De même, la Stratégie de sécurité nationale de la Lituanie (telle que modifiée en 2021) prévoit que l'influence des États étrangers sur la création et le maintien d'une dépendance économique et énergétique, et les menaces que cette dépendance fait peser sur la sécurité nationale, restent des questions d'actualité, et que leur gestion requiert une attention particulière en termes d'évaluation du respect des intérêts de la sécurité nationale.

[8] Ce chapitre s'appuie sur les observations relatives aux politiques mises en place dans 83 économies : Afrique du Sud, Allemagne, Andorre, Arabie saoudite, Argentine, Australie, Autriche, Belgique, Brésil, Bosnie-Herzégovine, Bulgarie, Brunei Darussalam, Cambodge, Canada, Chili, Colombie, Corée, Costa Rica, Croatie, Danemark, Équateur, Égypte, El Salvador, Espagne, Estonie, États-Unis, Fidji, Finlande, France, Grèce, Guatemala, Honduras, Hongrie, Inde, Indonésie, Irlande, Islande, Israël, Italie, Japon, Jordanie, Kazakhstan, Kosovo, Lettonie, Lituanie, Luxembourg, Malaisie, Malte, Maroc, Maurice, Mexique, Moldova, Myanmar, Norvège, Nouvelle-Zélande, Panama, Paraguay, Pérou, Philippines, Pologne, Portugal, République démocratique populaire lao, République populaire de Chine, Roumanie, Royaume-Uni, Serbie, Singapour, Slovénie, Suède, Suisse, Taipei chinois, Thaïlande, Timor-Leste, Tunisie, Türkiye, Ukraine, Uruguay, Viet Nam, Union européenne. Pour certains aspects, c'est un sous-ensemble de juridictions qui est choisi.

[9] Par exemple, en Corée, Croatie,Grèce, Islande, Norvège et Suisse.

[10] Le 25 mars 2020, la Commission européenne a publié une Communication contenant des orientations à l'intention des États membres sur la manière d'assurer une protection adéquate des actifs qui sont essentiels à la sécurité et à l'ordre public en Europe dans le contexte du choc économique causé par la pandémie de COVID-19. L'Allemagne, l'Espagne, la France, le Japon et la Pologne par exemple n'ont cessé d'apporter des modifications à leurs mécanismes de filtrage des investissements pour répondre à cette situation inédite.

[11] Sans toujours apporter de modifications explicites aux règles et à la législation en vigueur, certains pays ont annoncé qu'ils tiendraient dûment compte des acquisitions, par des investisseurs étrangers contrôlés par le gouvernement russe ou biélorusse, ou soumis à l'influence de l'un ou de l'autre, dans le cadre de l'application de leurs mécanismes de filtrage des investissements (et peut-être encore plus dans les secteurs qui sont actuellement particulièrement exposés à des risques pour la sécurité, comme ceux de la défense et de l'énergie ou celui des technologies à double usage). Le 8 mars 2022, le Canada a publié un Énoncé de politique sur ce sujet et la Commission européenne a appelé tous les États membres de l'UE à accorder une attention particulière à ces menaces dans une Communication en date du 6 avril 2024.

[12] Des listes de technologies critiques et émergentes présentant des risques potentiels pour la sécurité ont par exemple été publiées par les États-Unis et l'Union européenne.

[13] En vertu de la Loi sur l'évaluation de la sécurité des investissements, des fusions et des acquisitions (loi VIFO), les Pays-Bas ont adopté un cadre pour le filtrage des investissements qui impose l'application de règles plus strictes aux opérations aboutissant à la détention ou au contrôle direct ou indirect d'au moins 10 % des droits de vote dans des entreprises exerçant leur activité dans une liste de « secteurs technologiques hautement sensibles », liste annexée au Décret définissant le périmètre des technologies sensibles.

[14] La Corée applique les règles énoncées dans la Loi sur la prévention des fuites de données et la protection des technologies industrielles, laquelle prévoit un mécanisme, spécifique à chaque technologie, de surveillance des opérations d'acquisition de certaines technologies émergentes et critiques par des investisseurs étrangers. En vertu du Décret présidentiel 14105 (Executive Order 14105), les États-Unis ont mis en place un nouveau programme pour la sécurité nationale visant à réglementer certains investissements américains dans des « pays sources de préoccupation » dans des entités faisant usage

de technologies sensibles relevant de trois secteurs : les semi-conducteurs et la microélectronique, les technologies de l'information quantique et l'intelligence artificielle.

[15] Le Conseil du commerce et des technologies UE-États-Unis (EU-US Trade and Technology Council) par exemple, qui considère le filtrage des investissements directs étrangers comme un domaine de coopération, est une enceinte transatlantique au sein de laquelle l'UE et les États-Unis collaborent et coordonnent leurs différentes approches sur des enjeux technologiques essentiels.

[16] En Italie par exemple, le nombre de notifications en lien avec les TEC a triplé entre 2014 et 2022, passant de quatre seulement en 2014 à 122 en 2022. Pour l'Italie, les TEC sont les technologies classées dans les rapports annuels au Parlement italien dans les catégories suivantes, à savoir : technologies de défense ; communications ; aviation et aéronautique ; ingénierie des télécommunications ; composants destinés à l'industrie de défense ; technologies 5G ; produits pharmaceutiques et biotechnologies ; technologies laser ; technologies d'ingénierie ; cybersécurité ; fabrication de drones ; robotique ; et informatique en nuage.

[17] Au Canada, le nombre de dossiers ayant abouti à des arrêtés au titre de l'article 25.3 est passé de sept en 2016 à 33 en 2022. Pour le Canada, les TEC comprennent les technologies classées dans les rapports annuels dans les catégories suivantes : fabrication de matériel de communication ; services d'architecture, d'ingénierie et services connexes ; services de recherche et développement scientifiques ; services d'enquête et de sécurité ; et conception de systèmes informatiques et services connexes. L'Italie a exercé son pouvoir de blocage d'investissements étrangers (« golden power ») à 22 reprises en 2022, contre quatre seulement en 2016.

[18] L'évolution observée en Espagne est conforme à cette tendance : d'une seule notification concernant une entreprise impliquée dans la fourniture d'intrants critiques enregistrée en 2020, on est passé à plus de 50 en 2023. Pour l'Espagne, les intrants critiques comprennent les intrants classés dans la catégorie des « intrants essentiels » (« *insumos fundamentales* »). Le nombre de déclarations et d'avis comptabilisés aux États-Unis dans les secteurs des intrants critiques a plus que doublé, passant de 20 en 2019 à 49 en 2022. Pour les États-Unis, les « intrants critiques » comprennent les intrants qui sont classés dans les rapports annuels du *Committee on Foreign Investment in the United States* (CFIUS) dans les catégories suivantes : extraction de pétrole et de gaz ; extraction de minerais non métalliques ; production, transport et distribution d'électricité ; activités extractives (à l'exception du pétrole et du gaz) ; fabrication de produits du pétrole et du charbon ; et fabrication d'autres produits minéraux non métalliques. Au Canada, le nombre d'investissements concernant des intrants critiques pour lesquels un arrêté prolongeant l'examen de l'investissement a été pris en vertu de section 25.3 de la Loi sur Investissement Canada est passé de cinq en 2016 à 28 en 2022. Pour le Canada, les intrants critiques sont ceux classés comme des produits de l'extraction de minerais métalliques et non métalliques.

[19] Parlement finlandais, Projet de modification de la loi sur le contrôle des acquisitions par des investisseurs étrangers soumis par le gouvernement au Parlement (2020), p. 5. Les données pour 2023 sont calculées à partir de chiffres publiés dans le rapport annuel 2023 du ministère finlandais des Affaires économiques et de l'Emploi concernant le filtrage des acquisitions d'entreprises finlandaises par des investisseurs étrangers intitulé« Screening of foreign corporate acquisitions in Finland – Annual report 2023 », 14 juin 2024.

[20] Ministère de l'Économie et des Finances, « Les chiffres clés des IEF en 2020 », 24 mars 2021. Le nombre d'opérations soumises à la procédure de contrôle rapporté au nombre total de projets d'investissement, non communiqué par le ministère parmi les chiffres clés, figure dans France Stratégie

(2021), « Comité de suivi et d'évaluation de la loi PACTE -Deuxième Rapport », p. 103. Il est difficile de savoir comment le nombre total d'opérations d'IDE par an est évalué, autrement dit de savoir quels critères doivent être remplis pour qu'une transaction donnée soit prise en compte dans le chiffre de référence des transactions annuelles.

[21] Pour la France : *Fiche d'impact générale* relative au *Décret relatif aux investissements étrangers soumis à autorisation préalable* (ECOT18167RD) (octobre 2018).Allemagne : *Projet de première modification de la loi sur le commerce extérieur et les paiements* (AWG) (2020), p. 3. Le gouvernement italien a indiqué que l'inclusion de certains actifs dans le domaine des communications dans le champ d'application du mécanisme de contrôle a contribué à accroître le nombre de dossiers (*Relazione concernente l'attività svolta sulla base dei poteri speciali sugli assetti societari nei settori della difesa e della sicurezza nazionale, nonché per le attività di rilevanza strategica nei settori dell'energia, dei trasporti e delle comunicazioni* (année 2019), p. 18).

[22] Italie (Relazione concernente l'attività svolta sulla base dei poteri speciali sugli assetti societari nei settori della difesa e della sicurezza nazionale, nonché per le attività di rilevanza strategica nei settori dell'energia, dei trasporti e delle comunicazioni (Anno 2019), p.19).

[23] Italie, Présidence du Conseil des ministres, « Relazione sulla politica dell'informazione per la sicurezza 2020 » (février 2021), p. 47.

[24] Bundesministerium Digitalisierung und Wirtschaftsstandort, « Schramböck : Erste positive Bilanz nach einem Jahr Investitionskontrollgesetz und neun Monaten EU-Kooperationsmechanismus », communiqué de presse, 9 août 2021.

[25] En 2022, il apparaît que l'écrasante majorité (98 % en Allemagne, 92 % en Italie, 86 % en Espagne et 98 % au Royaume-Uni) des transactions soumises à examen ont donné lieu à une autorisation non assortie d'obligations ou de conditions dans la plupart des juridictions qui communiquent des données sur la mise en œuvre de leurs dispositifs de filtrage des investissements. Dans certaines juridictions, la part des transactions autorisées sous certaines conditions est nettement plus élevée (la France par exemple fait état d'un pourcentage de 44 % pour 2023, Direction Générale du Trésor, «Contrôle des investissements étrangers en France – Rapport annuel 2024»). Parce que les mesures de filtrage diffèrent dans leur conception, les résultats qu'elles produisent ont toutes les chances d'être également différents, donc de ne pas être directement comparables.

# 6. Renforcer les défenses au service de l'avenir numérique : le rôle de la cybersécurité

Laurent Bernat et Lauren Crean[1]

## Introduction

Protéger la cybersécurité revêt une importance grandissante à mesure que les technologies numériques gagnent en complexité et deviennent une composante essentielle des secteurs critiques de l'économie – ce qui a pour corollaire de rendre leurs perturbations plus coûteuses – et que la fréquence des cyberattaques augmente. Les rançongiciels et autres actes de malveillance en ligne représentent une menace croissante, notamment pour les institutions, les infrastructures et les services publics. En 2021, par exemple, une cyberattaque a entraîné la fermeture du plus grand oléoduc des États-Unis pendant six jours et, ce faisant, causé des pénuries de carburant sur la côte est du pays. Malgré la difficulté notoire à établir le nombre d'incidents de cybersécurité et leur impact économique, il semble que la tendance soit à la hausse. En moyenne, dans les pays de l'OCDE, un tiers des individus (âgés de 16 à 74 ans) ont déclaré en 2022 avoir subi un incident de sécurité[2]. Selon certaines estimations, le nombre de cyberattaques a presque doublé par rapport à la période antérieure à la pandémie de COVID-19. Depuis 2020, les pertes directes liées aux cyberincidents qui ont été déclarées s'élèvent au total à près de 28 milliards USD (en termes réels) dans le monde, et des milliards de données ont été volées ou compromises. Les coûts directs et indirects totaux liés à ces incidents sont très probablement beaucoup plus élevés, les estimations variant sensiblement de 1 à 10 % du PIB mondial[3].

Les administrations publiques jouent un rôle important dans la cybersécurité. Les entreprises sont souvent peu incitées à investir suffisamment dans ce domaine, et la complexité des chaînes d'approvisionnement rend difficile la détermination des responsabilités. L'évolution rapide des technologies fait de la cybersécurité une cible mouvante qui nécessite une attention soutenue et permanente. Les mécanismes du marché ne permettent pas à eux seuls de faire face aux risques et aux menaces. Ces défis étant par essence mondiaux, les pouvoirs publics ne peuvent les relever qu'en prenant des mesures cohérentes et coordonnées, fondées sur des principes reconnus au niveau international.

Au cours des 30 dernières années, l'OCDE a élaboré des politiques en matière de cybersécurité au service de la prospérité économique et sociale. Cette approche transparaît dans une série de Recommandations du Conseil exposées dans le *Cadre d'action de l'OCDE sur la sécurité numérique : La cybersécurité pour la prospérité* (OCDE, 2023[1]). Ce chapitre présente ce Cadre ainsi que les Recommandations connexes. Il donne également un aperçu des travaux menés par l'OCDE sur la sécurité numérique des activités critiques (OCDE, 2019[2] ; Bernat, 2021[3]) et la sécurité des réseaux de communication (OCDE, 2023[4]).

## Sécurité numérique : dimensions économiques et sociales de la cybersécurité

L'OCDE définit la sécurité numérique comme l'ensemble des mesures prises pour *gérer le risque de sécurité numérique* au service de la prospérité économique et sociale (OCDE, 2023[1]). En tant que priorité de l'action publique à l'échelle mondiale, la cybersécurité sous-tend plusieurs domaines clés, qui souvent se recoupent et sont interdépendants (Graphique 6.1.) :

- Les opérations techniques, qui visent à s'assurer que les systèmes d'information fonctionnent comme prévu. Cet aspect, qui recouvre les erreurs humaines, est à l'origine de la cybersécurité, perçue initialement comme une question technique gérée par des experts et communément appelée sécurité informatique, sécurité de l'information (« infosec ») ou encore sécurité des données.
- La prospérité : il s'agit là de s'assurer que la sécurité sert plus largement les objectifs économiques et sociaux. Cette dimension met l'accent sur la sauvegarde des activités économiques et sociales qui dépendent de l'environnement numérique plutôt que sur la protection de ce dernier. L'OCDE qualifie ce domaine de sécurité numérique ou de gestion du risque de sécurité numérique.
- L'application du droit pénal, c'est-à-dire la mise en œuvre de la législation relative à la cybercriminalité pour réduire les menaces. La cybercriminalité peut recouvrir non seulement les aspects liés à la sécurité présentés ci-après, mais aussi des crimes tels que l'exploitation des enfants sur l'internet.
- La sécurité nationale et internationale, soit la mise en place de mesures propres à renforcer la confiance et d'autres destinées à prévenir l'extension des conflits armés au cyberespace et à œuvrer en faveur de la désescalade. Cette dimension est souvent qualifiée de cyberdéfense, de cyberguerre ou de cyberespionnage.

Les pouvoirs publics ont adopté des cadres institutionnels divers pour élaborer et mettre en œuvre des mesures liées à chacune de ces dimensions, en s'appuyant sur différents organismes nationaux, avec des degrés variables de centralisation et de coordination avec d'autres organismes publics. Au niveau international, chaque dimension relève généralement de différentes organisations internationales, selon leurs missions respectives. Ainsi, l'OCDE traite des politiques de sécurité numérique conformément à sa mission dans les domaines économique et social, notamment dans celui des politiques de la science, de la technologie et de l'innovation ; des organisations de normalisation comme l'Organisation internationale de normalisation (ISO) et la Commission électrotechnique internationale (CEI), le Groupe de travail sur l'ingénierie internet (IETF), l'Institut européen de normalisation des télécommunications (ETSI) ou la Commission d'études 17 de l'Union internationale des télécommunications (UIT-T) élaborent des normes techniques ; le Conseil de l'Europe, l'Office des Nations Unies contre la drogue et le crime (ONUDC) et Interpol (à un niveau plus opérationnel) se concentrent sur la cybercriminalité ; et le Groupe d'experts gouvernementaux et le Groupe de travail à composition non limitée des Nations Unies traitent des questions de sécurité internationale. S'appuyant sur l'expertise de l'OCDE, le reste de ce chapitre s'intéresse plus précisément aux politiques de sécurité numérique. L'Encadré 6.1 présente les concepts clés liés à la sécurité numérique.

**Graphique 6.1. La dimension économique et sociale de la cybersécurité**

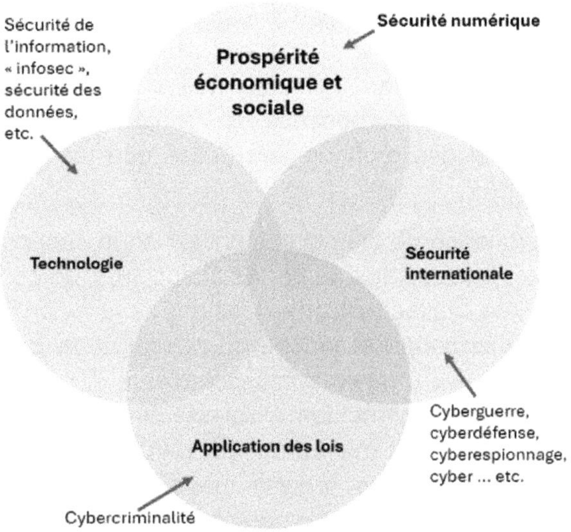


Source : OCDE.

### Encadré 6.1. Fondements de la sécurité numérique

Le risque de sécurité numérique désigne l'effet préjudiciable que peuvent avoir les *incidents* de sécurité numérique sur les activités économiques et sociales (OCDE, 2020[5] ; OCDE, 2022[6]). Conformément aux approches de la gestion du risque à visée générale, le risque de sécurité numérique est caractérisé en termes de *probabilité* et d'*impact* potentiel (c'est-à-dire de gravité) des incidents. La définition du risque qui figure dans les Recommandations de l'OCDE sur la sécurité numérique s'inspire des normes ISO/CEI sur la gestion du risque (ISO/IEC, 2022[7]) et la sécurité de l'information.

Les incidents de sécurité numérique sont des événements qui affectent la disponibilité, l'intégrité et/ou la confidentialité (*triade DIC*) des données, des logiciels, du matériel et des réseaux et, partant, entraînent des répercussions négatives sur les activités économiques et sociales qui dépendent de ces actifs :

- Disponibilité : les actifs ne sont pas accessibles ni utilisables à la demande par les utilisateurs autorisés ;
- Intégrité : les actifs ont été altérés sans autorisation ;
- Confidentialité : des entités non autorisées ont accès aux actifs.

Ces incidents font suite à des *menaces* exploitant des *vulnérabilités*. Les menaces peuvent être intentionnelles (à l'instar des attaques) ou non intentionnelles (erreurs humaines, incendies, coupures de courant, etc.). Elles englobent les acteurs malveillants (les « sources de menaces ») cherchant à exploiter les vulnérabilités pour nuire, ainsi que les outils et techniques (les « vecteurs de menaces ») auxquels ils recourent pour mener des attaques (tels que des logiciels malveillants). L'éventail des acteurs malveillants va d'individus aux compétences relativement limitées à des groupes criminels organisés et des acteurs soutenus par des États, dotés de ressources considérables, souvent qualifiés de menaces persistantes avancées. Les attaques appuyées par des États servent généralement des objectifs géopolitiques, et les actes de cybercriminalité tendent à viser des gains financiers. Certains acteurs poursuivent également des buts idéologiques (les « hacktivistes », ou « cyberactivistes », en sont des exemples). Dans de nombreux cas, il peut être extrêmement difficile d'attribuer avec précision les attaques à des individus, des groupes ou des soutiens particuliers sur la seule base du mode opératoire ou des éléments d'enquête, en partie parce que des acteurs malveillants dotés de ressources considérables peuvent imiter le mode opératoire d'autres sources de menaces. Les menaces exploitent les *vulnérabilités* des individus (telles que le manque de formation et de sensibilisation), des processus (comme l'absence de procédure de sauvegarde ou de gestion systématique des vulnérabilités) et des technologies (telles que les failles présentes dans le code logiciel).

Le risque de sécurité numérique concerne principalement le risque *économique et social* résultant des *incidents* de sécurité numérique. Il peut s'agir de pertes financières, de coûts d'opportunité, d'atteintes à la réputation, de vols de propriété intellectuelle, de violations de la vie privée et d'atteintes à la sécurité des personnes. Ainsi, lorsqu'un rançongiciel touche un hôpital et se diffuse sur le réseau, certains systèmes d'information infectés peuvent devenir indisponibles et il peut être nécessaire d'en arrêter d'autres pour limiter les conséquences de l'incident (risque technique). Des patients opérés au moment où l'incident se produit peuvent alors être mis en danger parce qu'un équipement médical cesse de fonctionner, des interventions chirurgicales programmées peuvent devoir être reportées (risque économique et social) et des données à caractère personnel peuvent être compromises[1].

La gestion du risque de sécurité numérique vise à maîtriser ce risque tout en maximisant les possibilités économiques et sociales. La gestion du risque correspond à son évaluation puis son traitement, c'est-à-dire la décision quant à l'approche à adopter : réduire, éviter, transférer ou prendre le risque considéré (on trouvera de plus amples informations ci-après). On gère le risque en permanence. Dans la vie quotidienne, par exemple, avant de traverser une rue, les piétons vérifient si des voitures ou des vélos arrivent, de manière à *évaluer* le risque avant de décider de l'action à entreprendre. S'il s'agit d'une autoroute, ils s'abstiennent de la traverser afin d'*éviter* le risque, qui est trop élevé. Pour *réduire* le risque, ils empruntent les passages pour piétons, et ils souscrivent une police d'assurance pour *transférer* le risque, « au cas où ». S'ils se contentent de traverser la rue sans évaluer le risque, ils l'*acceptent* et doivent alors en assumer les conséquences. *L'évaluation du risque est absolument essentielle à la sécurité*, y compris la sécurité numérique. C'est ce qui fait la différence entre l'acceptation d'un risque après une évaluation attentive et systématique et son acceptation aveugle sans autre considération.

La gestion du risque de sécurité numérique permet d'ancrer les décisions de sécurité dans la réalité économique et sociale de l'activité concernée. Elle permet de choisir des mesures de sécurité adaptées et proportionnées au risque et à l'activité. Ce faisant, elle permet de s'assurer que les mesures de sécurité adoptées soutiendront les activités économiques et sociales en jeu et ne les compromettront pas, par exemple, en fermant de manière inappropriée l'environnement ou en réduisant la fonctionnalité des TIC d'une manière qui limite la possibilité d'en tirer parti pour innover et accroître la productivité. La gestion du risque de sécurité numérique permet d'éviter une prise de décision isolée, fondée sur des critères techniques séparés ou sur les seules considérations de sécurité (la sécurité étant alors une fin en soi).

Le risque de sécurité numérique est une forme particulière de risque numérique, qui n'est lui-même qu'un des nombreux risques auxquels est confrontée une personne ou une organisation lorsqu'elle utilise des technologies numériques. Tous les risques étant liés entre eux, leur gestion ne devrait pas faire l'objet d'une approche en silo. Les autres risques numériques recouvrent des crimes et délits tels que la fraude (comme la compromission de courriels professionnels) ou l'exploitation des enfants dans l'environnement en ligne. Il peut certes exister des recoupements entre le risque de sécurité numérique et d'autres risques numériques, mais il importe d'éviter toute confusion et de ne pas amalgamer les différentes catégories, en particulier dans le contexte du traitement du risque de sécurité numérique au niveau international.

[1] D'après une enquête de 2021 menée par l'institut de sondage Ponemon, 21 % des professionnels de l'informatique et de la sécurité informatique travaillant pour des prestataires de soins de santé estimaient qu'une attaque par rançongiciel entraînait une augmentation du taux de mortalité (https://ponemonsullivanreport.com/2023/01/survey-ransomware-attacks-impact-patient-outcomes-at-half-of-healthcare-facilities/).

## Gestion du risque de sécurité numérique

La *Recommandation de l'OCDE sur la gestion du risque de sécurité numérique* (OCDE, 2022[6]) énonce des principes de haut niveau visant à aider à définir une approche économique et sociale efficace de la cybersécurité. Ces principes sont essentiels pour insuffler une *culture de la sécurité numérique* aux responsables de l'action publique, ainsi qu'aux dirigeants et décideurs des organisations publiques et privées. Ils aident les parties prenantes à protéger contre les cybermenaces les activités qui reposent sur l'environnement numérique, sans entraver ces activités, brider l'innovation, faire obstacle à la transformation numérique ni compromettre les droits humains. De plus, cette protection doit tenir compte du caractère dynamique des technologies, des activités économiques qui en dépendent, et des menaces qui les entourent.

Les principes généraux sont destinés à toutes les parties prenantes, tandis que les principes opérationnels s'adressent aux dirigeants et aux décideurs des organisations (Tableau 6.1).

### *Principes généraux*

Il est essentiel d'instaurer une culture de la sécurité numérique pour gérer le risque de sécurité numérique (principe n° 1). C'est en gardant cette idée fondamentale à l'esprit que les parties prenantes devraient aborder la question de la sécurité numérique, que ce soit pour élaborer et mettre en œuvre les politiques publiques ou pour protéger leur organisation, leurs actifs personnels et leur sécurité, sans compromettre les avantages et possibilités offerts par les TIC, ni le respect des droits humains. Une culture de la sécurité numérique implique d'avoir conscience de l'existence d'un tel risque et d'acquérir les compétences appropriées – par l'éducation, la formation, l'expérience et/ou la pratique – pour être en mesure de prendre des décisions responsables (autonomisation). Si les conséquences possibles d'un accident de voiture sont intuitives, la complexité de l'environnement numérique brouille le lien entre l'incident et ses répercussions. Par exemple, de nombreuses personnes sont conscientes du fait qu'un virus peut infecter leur équipement, mais n'en mesurent pas les conséquences potentielles telles que l'usurpation d'identité, la fraude financière ou le vol de secret commercial. Sans compter qu'au-delà des répercussions immédiates au niveau individuel, les conséquences sont encore moins visibles.

Tableau 6.1. Principes de l'OCDE en matière de gestion du risque de sécurité numérique

| Principes généraux | |
|---|---|
| **1. Culture de la sécurité numérique : sensibilisation, compétences et autonomisation** | *Toutes les parties prenantes devraient instaurer une culture de la sécurité numérique fondée sur la compréhension du risque de sécurité numérique et de sa gestion.* |
| **2. Responsabilité et obligations** | *Toutes les parties prenantes devraient assumer la responsabilité de la gestion du risque de sécurité numérique, selon leur rôle, le contexte et leur capacité à agir.* |
| **3. Droits humains et valeurs fondamentales** | *Toutes les parties prenantes devraient gérer le risque de sécurité numérique de manière transparente, dans le respect des droits humains et des valeurs fondamentales.* |
| **4. Coopération** | *Toutes les parties prenantes devraient coopérer, y compris par-delà les frontières.* |
| **Principes opérationnels** | |
| **5. Stratégie et gouvernance** | *Les dirigeants et les décideurs devraient veiller à ce que le risque de sécurité numérique soit pris en compte dans leur stratégie globale de gestion du risque et géré en tant que risque stratégique appelant des mesures opérationnelles.* |
| **6. Évaluation et traitement du risque** | *Les dirigeants et les décideurs devraient s'assurer que le traitement du risque de sécurité numérique se fonde sur une évaluation continuelle du risque.* |
| **7. Mesures de sécurité** | *Les dirigeants et les décideurs devraient s'assurer que les mesures de sécurité sont adaptées et proportionnées au risque.* |
| **8. Innovation** | *Les dirigeants et les décideurs devraient s'assurer que l'innovation est prise en considération.* |
| **9. Résilience, préparation et continuité** | *Les dirigeants et les décideurs devraient veiller à adopter, mettre en œuvre et tester un plan de préparation et de continuité fondé sur l'évaluation du risque de sécurité numérique, afin d'assurer la résilience.* |

Note : Les passages en italique sont de courts extraits de la Recommandation sur la gestion du risque de sécurité numérique.
Source : OCDE (2022[6]), *Recommandation de l'OCDE sur la gestion du risque de sécurité numérique.*

Les individus assument tous la responsabilité partagée de leurs décisions en matière de sécurité numérique, ou de leur absence de décision (principe n° 2). Néanmoins, la nature et le degré de cette responsabilité varient selon le *rôle* des différentes parties prenantes. Ainsi, la responsabilité de l'utilisateur d'un appareil numérique est différente de celle du vendeur de cet appareil, de son fabricant, des tierces parties ayant développé les composants logiciels qu'il intègre, des fournisseurs de services infonuagiques hébergeant les données traitées par l'appareil, etc. La responsabilité vis-à-vis d'autrui est au cœur des recommandations de l'OCDE relatives à la diligence raisonnable fondée sur les risques énoncées dans les Principes directeurs EMN de l'OCDE (OCDE, 2011[8]) et dans le Guide OCDE sur le devoir de diligence pour une conduite responsable des entreprises (OCDE, 2018[9]).

Les droits humains et les valeurs fondamentales doivent être protégés dans l'environnement numérique (principe n° 3). Selon leurs modalités d'utilisation, les mesures de sécurité peuvent *favoriser ou compromettre* le respect des droits humains et des valeurs fondamentales. Ainsi, certaines mesures de sécurité peuvent contribuer à renforcer la protection de la vie privée, assurer l'anonymat des lanceurs d'alerte et protéger les défenseurs des droits humains contre la surveillance des régimes autoritaires. Elles peuvent en revanche permettre une surveillance illégitime de citoyens ou d'employés, ou empêcher l'accès aux contenus produits par des militants.

L'interconnexion mondiale qui caractérise l'environnement numérique permet certes d'en tirer des avantages économiques et sociaux considérables, mais elle se traduit aussi par une complexité accrue, facilite la propagation des menaces et des vulnérabilités, et accentue le risque collectif. La coopération est essentielle aux niveaux national et international pour remédier à ces inconvénients (principe n° 4). Isolément, les parties prenantes ne peuvent réussir à traiter la question de la sécurité numérique. Ainsi, les dirigeants et les décideurs des organisations doivent coopérer avec des experts techniques pour évaluer le risque de sécurité numérique, et les experts techniques doivent coopérer avec ces responsables pour garantir que les mesures de sécurité techniques ne compromettent pas les objectifs et les activités de leur organisation. Une coopération s'impose également entre les organisations et en leur sein, par exemple pour partager des informations notamment via les centres d'échange et d'analyse d'informations (ISAC).

## *Principes opérationnels*

Les principes opérationnels portent sur la mise en œuvre de la gestion du risque de sécurité numérique dans les organisations. La première étape à suivre pour gérer le risque de sécurité numérique dans les organisations consiste à adopter une approche stratégique et à mettre en place une gouvernance adaptée (principe n° 5). Il est primordial d'intégrer la gestion du risque de sécurité numérique dans le cadre général de gestion du risque de l'organisation (que l'on appelle souvent « gestion du risque d'entreprise ») afin que les décisions concernant la sécurité numérique soient prises en fonction des objectifs économiques plutôt qu'à la lumière des seules considérations techniques, et qu'elles soient conformes aux bonnes pratiques établies en matière de gestion du risque (approche systématique, cycle d'amélioration continue, etc.). Le conseil d'administration de l'entreprise joue un rôle clairement défini dans la gestion du risque de sécurité numérique, conformément au chapitre sur les conseils d'administration des *Principes de gouvernance d'entreprise du G20 et de l'OCDE,* qui stipule que l'une des fonctions essentielles du conseil d'administration est de fixer les politiques de gestion des risques et de s'assurer « de l'intégrité des systèmes de comptabilité et de communication financière de la société, [...] et que l'entreprise est dotée de dispositifs de contrôle adéquats, en particulier de dispositifs de gestion des risques [...] » (Principe VI.D.7) (OCDE, 2015[10]).

La structure de gouvernance devrait définir des rôles, des responsabilités et des processus clairs et prévoir des ressources et des compétences appropriées. *Les dirigeants et les décideurs responsables de la réalisation des objectifs économiques et sociaux devraient être responsables de la prise en charge du risque de sécurité numérique inhérent à ces activités (« responsabilité à l'égard de la gestion du risque »).* Les risques et les bénéfices sont intrinsèquement mêlés, puisque les risques affectent, par définition, les bénéfices de toute activité. Étant donné que la gestion du risque constitue un moyen d'accroître les chances de réussite d'une activité, les dirigeants et décideurs de l'organisation qui sont responsables des retombées positives de cette activité devraient être également responsables de la gestion du risque de sécurité numérique correspondant et ne pas se contenter de la déléguer aux spécialistes techniques parce que *les conséquences économiques et sociales des incidents de sécurité numérique peuvent être bien plus graves que leur coût technique (autrement dit, informatique)* pour l'organisation concernée, ses partenaires et les tierces parties. De plus, *les mesures de sécurité peuvent compromettre l'activité qu'elles visent à protéger.* Elles peuvent créer des obstacles à cette activité et des contraintes, notamment accroître son coût financier et la complexité du système, allonger les délais de mise sur le marché, ou encore limiter les performances, la facilité d'utilisation, la capacité d'évolution, l'innovation et le confort d'utilisation.

Pour accroître les chances de réussite, un cycle d'évaluation et de traitement du risque (principe n° 6) permet d'aborder la question des incertitudes. Comme l'illustre le Graphique 6.2., la première étape du processus consiste à définir les objectifs et concevoir les activités qui reposent sur l'environnement numérique. Le risque est ensuite évalué pour calculer sa probabilité et les effets possibles des incertitudes sur les objectifs de l'activité. À la lumière de ce processus d'évaluation, une décision est prise sur ce qu'il convient de faire du risque (*traitement* du risque), autrement dit s'il convient de le modifier et dans l'affirmative, comment, de manière à accroître les chances de succès des activités menées à l'appui des objectifs visés et de leur maintien.

## Graphique 6.2. Vue d'ensemble du cycle de gestion du risque de sécurité numérique

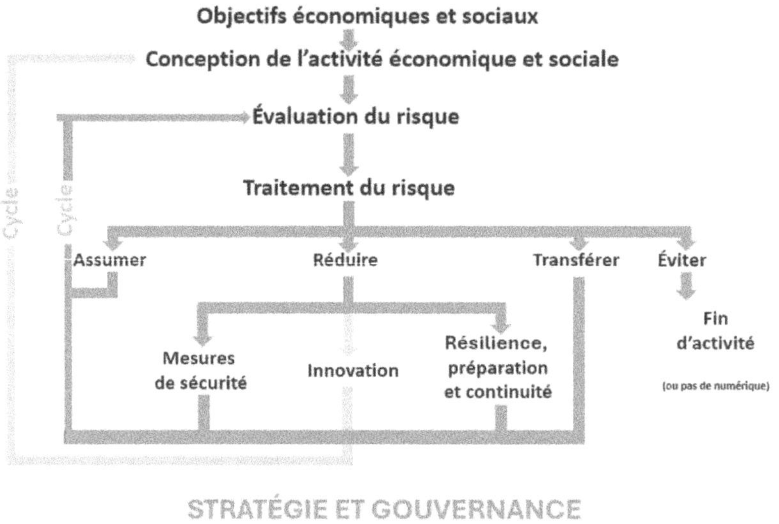


Source : OCDE.

Le processus de traitement du risque permet de déterminer quelle part du risque devrait être :

- Assumée (ou prise, acceptée), le risque se trouvant dans des limites que l'entité juge acceptables pour mener son activité, ce que l'on désigne par les expressions « appétence pour le risque » ou « tolérance au risque ». Assumer le risque signifie que l'on en accepte les éventuelles conséquences économiques et sociales préjudiciables en cas d'incident.
- Évitée, sachant qu'il n'est pas possible d'éliminer intégralement le risque de sécurité numérique sans renoncer dans le même temps aux avantages de l'utilisation des TIC. En d'autres termes, le meilleur moyen d'éviter le risque de sécurité numérique est de s'abstenir d'utiliser les technologies numériques.
- Réduite à un niveau acceptable en fonction de l'appétence pour le risque de l'entité, en mettant en place des mesures de sécurité qui limitent la survenue d'incidents ou leurs conséquences. Des événements préjudiciables pouvant se produire en dépit des mesures de sécurité mises en place, il subsistera toujours un risque résiduel qui ne peut être éliminé et doit être accepté. C'est pourquoi il est primordial de développer la résilience et d'assurer la continuité des activités, afin de se préparer à la survenue d'incidents éventuels et à la réduction de leurs conséquences.
- Transférée à un tiers, au moyen d'une assurance par exemple, s'il existe une offre de marché en la matière.

Un processus systématique et cyclique continu d'évaluation du risque est essentiel pour que les dirigeants et les décideurs puissent prendre des décisions sur le traitement à y apporter, qui soient éclairées et adaptées à la nature changeante du risque. Les menaces, les vulnérabilités, les incidents, les technologies, leur utilisation et leurs avantages – pour ne citer que quelques-unes des variables de l'équation des risques d'une activité – évoluent très rapidement. L'évaluation doit tenir compte des risques inhérents aux fournisseurs et aux partenaires auxquels l'organisation est reliée numériquement. Les décisions en termes de traitement du risque qu'il est possible de prendre (assumer, réduire, transférer, éviter le risque) exigent que les dirigeants et décideurs déterminent le niveau d'appétence de leur organisation pour le risque de sécurité numérique (ou son niveau de tolérance) pour chaque activité qui dépend de l'environnement numérique.

Des mesures de sécurité peuvent ensuite être définies et mises en œuvre pour réduire le risque (principe n° 7). Ces mesures, appelées aussi « mécanismes », « contrôles » ou « protections », peuvent être de nature diverse : numérique (un logiciel de sécurité, par exemple), physique (des verrous, caméras, clôtures, etc.) ou hybride (comme une carte à puce) ; s'appliquer aux personnes (une formation, par exemple), aux processus (règles ou pratiques organisationnelles, etc.), ou aux technologies (cryptographie) ; être d'ordre juridique (comme un contrat), procédural (normes, par exemple) ou managérial, etc. Les mesures de sécurité peuvent également être axées sur des vulnérabilités.

En plus de l'adoption de mesures de sécurité, les parties prenantes peuvent réduire leur exposition au risque de sécurité numérique par l'innovation, que celle-ci porte sur l'activité concernée ou sur les mesures de sécurité (principe n° 8). L'innovation visant à réduire le risque de sécurité numérique peut revêtir des formes très diverses, touchant ou non aux aspects numériques. Elle peut, par exemple, avoir trait au modèle économique ou structurel de l'organisation, à des processus comme les méthodes de paiement, voire à une nouvelle conception des composantes non numériques, physiques, juridiques ou autres, d'un produit. L'introduction d'une innovation pouvant créer des incertitudes dans une activité, elle doit donner lieu à un cycle de réévaluation et de traitement du risque, comme l'illustre le Graphique 6.2. La sécurité numérique peut ainsi ajouter de la valeur à une organisation, un produit ou un service et devenir un levier d'innovation et d'avantage concurrentiel, à condition qu'elle soit considérée non comme une question à part d'ordre purement technique, mais comme faisant partie intégrante des processus décisionnels économiques et sociaux liés à une activité donnée.

Afin de réduire encore le risque, des mesures permettant d'assurer la résilience, la préparation et la continuité d'activité peuvent être définies pour être appliquées en cas d'incident (principe n° 9). Outre les mesures de sécurité et l'innovation, dont l'objet est d'empêcher la survenue d'incidents préjudiciables, les mesures de résilience, de préparation et de continuité d'activité visent à *atténuer les conséquences économiques et sociales des incidents lorsqu'ils surviennent*. Des plans de préparation et de continuité sont indispensables pour définir à l'avance la manière de se protéger contre ces incidents, de les détecter, d'y répondre et d'assurer la reprise des activités. Ces plans devraient prendre en considération l'extrême rapidité à laquelle ces incidents peuvent se propager et s'aggraver dans l'environnement numérique.

## Action publique en matière de sécurité numérique

La cybersécurité (désignée également par des expressions comme sécurité de l'information, sécurité des données, sécurité des systèmes d'information, sécurité informatique, ou sûreté de l'information) est une question relevant de l'action publique depuis plus de 35 ans, voire plus si l'on considère les exigences de sécurité énoncées dans les législations sur la protection de la vie privée et des données adoptées dans certains pays dès les années 70. Toutefois, ce n'est qu'avec l'adoption généralisée des technologies de l'internet et la large disponibilité de la connectivité à haut débit qu'elle est progressivement devenue un domaine d'action indépendant assorti de structures de gouvernance, de stratégies et de plans spécifiques ainsi que de programmes d'action.

La sécurité numérique s'est progressivement développée dans ce contexte. À l'heure actuelle, l'OCDE dispose au total de sept Recommandations du Conseil qui reflètent une unité de vue des pays membres quant à la manière d'aborder la cybersécurité sur le plan économique et social, ainsi que leur engagement à élaborer des politiques sur cette base. Ces Recommandations sont présentées dans le *Cadre d'action de l'OCDE sur la sécurité numérique : La cybersécurité pour la prospérité* (ci-après dénommé le « Cadre ») (OCDE, 2023[1]), illustré par le Graphique 6.3. Cet ensemble de Recommandations aborde les aspects les plus importants des politiques de sécurité numérique, sans traiter de toutes les facettes de ce domaine complexe et en constante évolution.

Graphique 6.3. Vue d'ensemble du Cadre

Source : OCDE.

Le *niveau élémentaire* constitue le fondement de l'élaboration des politiques de sécurité numérique, sur lequel reposent tous les autres niveaux, et correspond à la gestion du risque de sécurité numérique. Il recouvre les principes fondamentaux à garder à l'esprit pour aborder la cybersécurité sous l'angle économique et social, et pour instaurer *une culture de la sécurité numérique permettant de protéger les activités, les individus et la société sans compromettre les avantages et possibilités offerts par les technologies de l'information et des communications (TIC), ni le respect des droits humains.* Tous les autres niveaux de ce Cadre reposent sur ces principes de haut niveau. Cette couche correspond à la Recommandation sur la gestion du risque de sécurité numérique (OCDE, 2022[6]).

Le *niveau stratégique* se rapporte à la façon dont les responsables de l'action publique devraient utiliser le niveau élémentaire pour élaborer des stratégies nationales en matière de sécurité numérique (ci-après dénommées « stratégies nationales ») offrant une vision claire, afin de s'assurer que toutes les parties prenantes, des organismes publics aux organisations des secteurs public et privé, en passant par les individus, unissent leurs forces de manière cohérente et homogène. Outre le fait qu'elles permettent d'adopter une approche globale à l'échelle de l'ensemble de l'administration concernant la politique de sécurité numérique, les stratégies nationales facilitent la création d'interfaces et de synergies avec d'autres domaines de l'action publique, tels que la politique de l'économie numérique, la protection de la vie privée et des données, les politiques sectorielles (dans des domaines tels que la finance, l'énergie, l'éducation ou les compétences) et la coopération internationale. Le niveau stratégique correspond à la Recommandation de l'OCDE sur les stratégies nationales de sécurité numérique (OCDE, 2022[11]).

Les stratégies nationales devraient énoncer une vision claire des objectifs d'un pays en matière de sécurité numérique. Elles devraient viser à insuffler une culture de la sécurité numérique et à protéger les individus, ainsi que les organisations publiques et privées, contre les menaces de sécurité numérique, sans perdre de vue la nécessité de préserver la sécurité nationale et internationale et de protéger les droits humains et les valeurs fondamentales. En sus de la sécurité numérique, une stratégie nationale peut couvrir plusieurs autres dimensions de la cybersécurité, telles que celles présentées dans le Graphique 6.1., qui dépassent le cadre du mandat de l'OCDE.

La stratégie nationale doit attribuer des responsabilités claires à au moins un organisme public en place ou nouveau pour l'élaboration et la mise en œuvre des mesures de sécurité numérique qui y sont préconisées. L'OCDE recommande que les stratégies nationales couvrent au moins neuf domaines, à commencer par la sensibilisation, la mise en place de capacités en matière de réponse aux incidents (généralement via une ou plusieurs équipe(s) de réponse aux incidents de sécurité informatique [CSIRT] ou équipe(s) d'intervention en cas d'urgence informatique [CERT]) et la promotion de normes de gestion du risque. Parmi les autres domaines figurent le développement et la fidélisation d'une main-d'œuvre qualifiée, la mise en place de mécanismes de coordination de la gestion des vulnérabilités pour favoriser la divulgation coordonnée des vulnérabilités, le développement d'une industrie de la cybersécurité, ainsi que des initiatives visant à encourager la recherche et l'innovation (OCDE, 2020[12]), et la protection des individus et des PME (OCDE, 2021[13]). Dernier point, et non des moindres, la coopération internationale devrait occuper une place importante dans les stratégies nationales pour favoriser la mise en commun des expériences et des bonnes pratiques, l'assistance mutuelle, l'amélioration de la réponse aux incidents au niveau opérationnel et l'élaboration d'indicateurs relatifs aux risques permettant des comparaisons.

Le *niveau relatif à la réglementation des marchés* se rapporte aux domaines dans lesquels l'intervention des pouvoirs publics est nécessaire parce que les mécanismes du marché sont insuffisants pour aboutir à un niveau optimal de sécurité numérique. Si l'intervention des pouvoirs publics est sans doute nécessaire sur de nombreux marchés pour renforcer la sécurité numérique dans l'ensemble de la société, jusqu'à présent les Recommandations de l'OCDE se sont essentiellement concentrées sur les deux domaines suivants :

- La sécurité numérique des activités critiques telles que les services dans les domaines de la finance, de la santé ou de l'énergie, dont la perturbation ou la destruction menacerait le fonctionnement de l'économie et de la société, les vies humaines et la sécurité nationale. Ce domaine d'action, évoqué plus en détail dans la section suivante, est l'objet de la Recommandation de l'OCDE sur la sécurité numérique des activités critiques (OCDE, 2019[2]).
- La sécurité numérique des produits contenant du code (informatique) et des services connexes – comme les services infonuagiques – dont dépendent les parties prenantes pour mener à bien leurs activités économiques et sociales. Les travaux de l'OCDE montrent que le seul jeu des mécanismes du marché est souvent insuffisant pour garantir que ces produits et services soient suffisamment sûrs, et qu'il est peu probable que les incitations de marché permettent à elles seules de parer aux insuffisances de ces produits et services en matière de sécurité numérique. La Recommandation de l'OCDE sur la sécurité numérique des produits et des services fournit des orientations dans ce domaine (OCDE, 2022[14]).

Le seul jeu des mécanismes du marché ne permettant pas à certaines parties prenantes de gérer de manière optimale la sécurité numérique, l'intervention des pouvoirs publics est nécessaire pour les inciter à renforcer la sécurité numérique. Dans un monde idéal, le jeu des mécanismes du marché devrait garantir que les produits contenant du code (logiciels, appareils connectés à l'internet, etc.) et les services connexes sont suffisamment sûrs et que leurs mesures de sécurité sont proportionnées au risque qui pèse sur leurs utilisateurs, ce qui se traduirait par une augmentation du coût marginal des cyberattaques pour les acteurs malveillants et aurait un effet dissuasif. Des analyses de l'OCDE montrent cependant que des défaillances de marché empêchent souvent les parties prenantes d'estimer de manière optimale la valeur de la sécurité numérique des produits et services, et qu'il est peu probable que les incitations de marché permettent à elles seules de combler les lacunes de la gestion du risque de sécurité numérique (OCDE, 2021[15] ; OCDE, 2021[16] ; OCDE, 2021[17]). Pour réajuster les incitations de marché, les pouvoirs publics peuvent adopter des mesures visant à garantir que les fournisseurs assument la responsabilité de la sécurité numérique de leurs produits et services tout au long de leur cycle de vie. Ces mesures pourraient être décomposées en lignes d'action, par lesquelles les fournisseurs intègrent la *sécurité dès la conception* et la *sécurité par défaut*, assument et coordonnent la gestion des vulnérabilités, adoptent des politiques de fin de support responsables et coopèrent avec les responsables de code tout au long de la chaîne d'approvisionnement. Les pouvoirs publics peuvent également intervenir pour réduire les asymétries d'information en vue de *renforcer la transparence et de favoriser le partage d'informations* sur la sécurité numérique des produits et des services, notamment par la réalisation d'évaluations par des tierces parties (telles que des audits, des tests d'inspection ou des certifications).

Le *niveau technique* a trait à des aspects plus techniques exigeant des orientations pratiques. Il recouvre la nécessité d'encourager les parties prenantes à coordonner la divulgation des vulnérabilités de sécurité présentes dans leurs produits, à mieux gérer les vulnérabilités des systèmes d'information, et à protéger les chercheurs de vulnérabilités. La Recommandation de l'OCDE sur la gestion des vulnérabilités de sécurité numérique (OCDE, 2022[18]) traite de ces questions. Il recouvre également la politique de cryptographie, traitée dans la Recommandation de l'OCDE relative aux Lignes directrices régissant la politique de cryptographie (dénommée ci-après les « Lignes directrices sur la politique de cryptographie ») (OCDE, 1997[19]), et l'authentification électronique, abordée dans la Recommandation de l'OCDE sur l'authentification électronique (OCDE, 2007[20]).

Les vulnérabilités sont une source majeure de risques de sécurité numérique. De fait, le code informatique n'est jamais parfait et contient presque toujours des vulnérabilités, et il en va de même pour les systèmes d'information. Elles sont un corollaire de la complexité grandissante du code et des systèmes, à laquelle s'ajoutent les pratiques de sécurité numérique lacunaires des fournisseurs et des utilisateurs. S'il est impossible d'éliminer entièrement les vulnérabilités du code et des systèmes, l'amélioration de leur gestion permet sans conteste de réduire le risque de sécurité numérique et de renforcer la confiance à l'ère de la transformation numérique. Traiter ces vulnérabilités avant que des criminels n'en tirent parti est un moyen efficace de limiter le risque d'incidents. Pour réduire le risque de sécurité, les parties prenantes devraient, chacune selon son rôle, gérer les vulnérabilités. Les développeurs devraient rechercher et tester les vulnérabilités présentes dans leur code, mettre au point des mesures d'atténuation pour les corriger (par exemple, des correctifs ou des mises à jour de sécurité) et les diffuser auprès des autres acteurs tout au long de la chaîne de valeur, jusqu'aux utilisateurs finaux. Les organisations devraient surveiller leurs systèmes d'information pour s'assurer que ces mesures sont appliquées de manière appropriée et éviter les erreurs de configuration des produits. La gestion des vulnérabilités désigne le processus global recouvrant la découverte des vulnérabilités et la façon elles sont traitées par les fournisseurs (les « responsables de code »), administrées par les responsables des systèmes et divulguées au public. Au cours des dernières années, la communauté technique a progressé dans l'élaboration de bonnes pratiques de gestion des vulnérabilités, notamment grâce à la divulgation coordonnée des vulnérabilités (DCV).

Cependant, d'importants défis économiques et sociaux empêchent les parties prenantes d'adopter des bonnes pratiques. Par exemple, les développeurs logiciels et les responsables de systèmes ont souvent insuffisamment conscience qu'il est de leur responsabilité conjointe de gérer les vulnérabilités. Ils manquent parfois de ressources et de compétences, et des incitations de marché inadaptées peuvent les décourager de prendre des mesures. Il arrive que certains d'entre eux ignorent les chercheurs de vulnérabilités, voire les menacent de poursuites judiciaires. Les chercheurs de vulnérabilités découvrent les vulnérabilités et les signalent aux développeurs logiciels et aux responsables des systèmes qui peuvent ensuite les corriger, ce qui aide à réduire les coûts et la « fenêtre d'exposition » des utilisateurs au risque de sécurité numérique. Quand ils sont ignorés ou menacés, les chercheurs de vulnérabilités peuvent être tentés de porter à la connaissance du public des informations relatives auxdites vulnérabilités sans coordination préalable avec les autres parties prenantes, avec à la clé un risque pour l'ensemble des utilisateurs et pour l'économie. Des acteurs malveillants peuvent également se tourner vers le marché noir pour monnayer les informations sur les vulnérabilités, alimentant par là même l'écosystème de la criminalité.

La Recommandation de l'OCDE sur la gestion des vulnérabilités de sécurité numérique couvre cinq axes d'action des pouvoirs publics : *clarifier les responsabilités* de chaque catégorie de parties prenantes ; *encourager les chercheurs de vulnérabilités responsables* et *adopter des règles d'exonération* pour les protéger contre les menaces de poursuites judiciaires de la part des responsables de la gestion des vulnérabilités ; *susciter la confiance*, en veillant à ce que les parties prenantes aient accès à au moins un coordinateur de confiance à même d'aider à résoudre les difficultés qu'elles peuvent rencontrer dans le cadre de leurs interactions ; *généraliser les bonnes pratiques* ; *améliorer la coopération nationale et internationale*, par exemple pour réduire le marché gris des vulnérabilités, partager les bonnes pratiques à l'échelle internationale et veiller à l'interopérabilité internationale des cadres juridiques afin de protéger les chercheurs de vulnérabilités (OCDE, 2022[18]). Un autre document de l'OCDE, à savoir le Guide de bonnes pratiques sur la coordination de la gestion des vulnérabilités de sécurité numérique, a pour objet d'aider les responsables de l'action publique à acquérir une compréhension globale de la coordination concrète de la gestion des vulnérabilités de sécurité numérique, sans toutefois recourir au jargon technique ni entrer dans des considérations détaillées (OCDE, 2022[21]).

## La sécurité numérique des activités critiques

La transformation numérique des activités critiques telles que la fourniture d'eau, d'énergie, de soins de santé, de services de communication et de services bancaires expose de plus en plus ces activités à des menaces de cybersécurité qui peuvent affecter la santé, la sûreté et la sécurité des citoyens, le fonctionnement des services essentiels, ou plus largement, la prospérité économique et sociale. Cette section fait fond sur la Recommandation de l'OCDE sur la sécurité numérique des activités critiques (OCDE, 2019[2]), ainsi que sur la note consacrée au même sujet, publiée dans le cadre de la Boîte à outils sur la transformation numérique (Bernat, 2021[3]). On y présente les concepts clés d'activités critiques, d'infrastructure d'information critique, de cybersécurité, et de gestion du risque de sécurité numérique. L'objectif est d'aider les décideurs à identifier les éléments à protéger et les types de mesures que les opérateurs d'activités critiques devraient adopter. On y examine également le cadre institutionnel à mettre en place pour élaborer et superviser les politiques en vue d'améliorer la sécurité numérique des activités critiques, y compris dans le cadre de partenariats basés sur la confiance.

### *Qu'est-ce qu'une activité critique ?*

Cette expression désigne les activités économiques et sociales dont l'interruption ou la perturbation aurait de graves conséquences sur la santé, la sûreté et la sécurité des citoyens, sur le fonctionnement efficace des services essentiels à l'économie et à la société, ainsi que sur celui des pouvoirs publics, ou plus largement sur la prospérité économique et sociale (OCDE, 2019[2]). Ce dernier type d'activités critiques recouvre celles qui sont essentielles à la prospérité sans être nécessairement critiques pour le fonctionnement de l'économie et de la société, ni affecter la santé, la sûreté et la sécurité des citoyens. Tel pourrait être le cas, par exemple, de la construction automobile ou du secteur minier dans un pays où ces activités représenteraient une part importante du produit intérieur brut (PIB). Certains pays utilisent une terminologie différente pour désigner les activités critiques, les qualifiant par exemple de « fonctions critiques » (CISA, 2024[22]) ou de « services essentiels » (Union européenne, 2022[23]). La notion d'activité critique (ou de « fonction critique » ou « service essentiel ») est différente de celle d'infrastructure critique, car elle se concentre sur le risque qui pèse sur la prestation de service plutôt que sur les actifs sur lesquels repose cette prestation.

La notion d'infrastructure critique est apparue à la fin des années 1990, lorsque certains pays de l'OCDE ont commencé à adopter des politiques de protection des infrastructures critiques. Ces politiques concernaient généralement des secteurs d'infrastructures critiques tels que l'énergie, la finance, les communications ou la santé publique.

Progressivement, la nécessité d'élaborer des politiques en vue de protéger les systèmes et réseaux d'information qui sous-tendent ces secteurs d'infrastructures critiques est devenue de plus en plus évidente. Vers 2008, il a semblé naturel de qualifier ces actifs TIC d'« infrastructure d'information critique », comme s'il s'agissait d'un secteur d'infrastructure critique supplémentaire. Toutefois, bien que largement adoptée par les experts, la notion d'infrastructure d'information critique a rarement été utilisée pour l'élaboration des cadres d'action nationaux. Cela pourrait s'expliquer par la difficulté à délimiter leur périmètre dans la pratique. Par exemple, l'internet peut être considéré comme faisant partie d'une telle infrastructure, puisque la plupart des opérateurs d'autres infrastructures critiques (banques, hôpitaux, distributeurs d'énergie, etc.) en dépendent. Or ces opérateurs dépendent également de leurs réseaux et systèmes d'information critiques internes, qui font par conséquent aussi partie des infrastructures d'information critiques. Certaines composantes de ces réseaux et systèmes d'information peuvent être internes aux opérateurs des infrastructures critiques eux-mêmes, c'est-à-dire « sur site », mais d'autres peuvent résider « dans le nuage », à savoir sur l'internet, et être détenues et gérées par des tierces parties, parfois dans d'autres pays et territoires. Cette combinaison de composantes techniques partagées et isolées, internes et externes, rend l'infrastructure d'information critique difficile à représenter et plus complexe que les secteurs d'« infrastructure critique » plus traditionnels dont s'inspirait la notion d'infrastructure d'information critique.

En 2019, l'OCDE a décidé de simplifier le cadre établi dans sa Recommandation de 2008 sur la protection des infrastructures d'information critiques (OCDE, 2008[24]) en se concentrant sur la nécessité de renforcer la sécurité numérique des activités critiques, à savoir d'encourager les opérateurs d'activités critiques à mieux gérer le risque de sécurité numérique.

Du point de vue de l'OCDE, le principal défi à relever pour améliorer la sécurité numérique des activités critiques est d'élaborer des politiques qui incitent et, dans certains pays, obligent les opérateurs d'activités critiques à renforcer la sécurité numérique, sans créer de charges inutiles qui les empêcheraient de concrétiser le plein potentiel de la transformation numérique ou réduiraient leur capacité à le faire. Ces politiques doivent être compatibles avec les principes de l'OCDE en matière de gestion du risque de sécurité numérique, notamment pour ce qui est du respect des droits humains et des valeurs fondamentales.

Les politiques destinées à renforcer la sécurité numérique des activités critiques visent essentiellement à inciter les opérateurs publics et privés de ces activités (banques, hôpitaux, distributeurs d'eau et d'énergie, fournisseurs de réseaux de communication, aéroports, sociétés de chemin de fer, etc.) à mieux gérer le risque de sécurité numérique. Cibler de trop nombreux opérateurs, qui ne sont pas véritablement vitaux pour la réalisation des activités critiques en jeu, ferait peser un fardeau inutile sur de larges pans de l'économie. À l'inverse, se concentrer sur un nombre trop limité d'opérateurs ne protégerait pas suffisamment l'économie. Les pouvoirs publics ont par conséquent besoin d'un processus leur permettant de déterminer quels opérateurs devraient être visés par leurs politiques.

Pour ce faire, les pouvoirs publics peuvent s'appuyer sur le cadre national existant en matière de protection des infrastructures critiques ou de gestion du risque. En l'absence d'un tel cadre, ils doivent élaborer une méthodologie ex nihilo. La première étape consiste à procéder à une évaluation nationale du risque couvrant toutes les activités économiques et sociales. Sur cette base et en collaboration avec les acteurs publics et privés concernés, les pouvoirs publics doivent recenser les activités critiques ainsi que les opérateurs correspondants. À cet effet, les pays utilisent diverses méthodologies et tiennent compte de différents seuils ou critères de criticité (tels que le nombre possible d'utilisateurs ou de citoyens touchés par un incident). Par exemple, la directive de l'Union européenne sur la sécurité des réseaux et des systèmes d'information 2 (SRI 2) prend en compte les entités importantes et essentielles, sur la base de critères tels que leur secteur, leur taille et leur chiffre d'affaires (Union européenne, 2022[23]).

### *Principes généraux en matière de réglementation des opérateurs d'activités critiques pour renforcer la sécurité numérique*

Si les opérateurs sont responsables de la sécurité numérique de leurs activités, les pouvoirs publics – dans le cadre de leur mission de protection de l'intérêt public – sont censés intervenir, notamment pour déterminer le niveau de risque que la société peut tolérer en ce qui concerne les activités critiques, et pour assurer la continuité de ces activités.

L'intervention des pouvoirs publics prend diverses formes et s'appuie sur de nombreux outils, notamment la promotion de normes, l'instauration d'obligations juridiques, la réglementation, la coréglementation, la promotion de l'autoréglementation, ou encore l'aide à la gestion de crise et l'appui technique. La tendance récente est à l'adoption de réglementations à caractère obligatoire, largement motivée par la mise en œuvre, dans l'Union européenne, de la Directive SRI de 2016, aux termes de laquelle les membres de l'UE devaient imposer des exigences de conformité aux opérateurs de services essentiels, et renforcée par la Directive SRI 2 de 2022 qui étend les objectifs et le champ d'application de la précédente Directive afin de renforcer la protection (Union européenne, 2022[23]). En revanche, certains pays comme le Japon et les États-Unis privilégient une approche volontaire, qui consiste à apporter un soutien et prodiguer des conseils aux opérateurs sans établir d'exigences contraignantes.

Dans l'ensemble, les pouvoirs publics affichent des objectifs communs en ce qui concerne les types de mesures que les opérateurs devraient prendre, comme l'adoption d'une gestion renforcée du risque de sécurité numérique et le partage d'informations sur les risques ou les pratiques exemplaires, ou encore le signalement des incidents.

Comme il est impossible d'assurer un niveau de protection uniforme, les opérateurs désignés doivent recenser les fonctions sans lesquelles ils ne peuvent pas mener efficacement leurs activités critiques, ainsi que les parties critiques de l'écosystème numérique qui sous-tendent ces fonctions critiques. Les écosystèmes numériques comprennent le matériel, les logiciels, les réseaux et les données, les technologies opérationnelles qui détectent ou provoquent des changements dans les processus physiques (tels que les systèmes de contrôle industriel), ainsi que les entités internes et externes, les personnes et les processus qui les conçoivent, assurent leur maintenance et les exploitent, et les relations qui les lient. Enfin, les opérateurs doivent mettre en œuvre une gestion systématique et cyclique du risque de sécurité numérique lié à ces fonctions critiques. Ils doivent procéder à une évaluation du risque de sécurité numérique et faire le choix de le gérer.

L'un des principaux défis rencontrés par les pouvoirs publics dans le cadre de leur intervention consiste à formuler des recommandations ou des exigences quant à la mise en œuvre d'une gestion du risque de sécurité numérique à la pointe du progrès, au niveau de détail approprié. Les technologies numériques évoluent rapidement, tout comme les menaces, les vulnérabilités, ainsi que les techniques et les processus de protection des écosystèmes numériques. Si les instruments d'action sont trop détaillés, les politiques publiques visant à inciter les opérateurs à prendre des mesures de sécurité plus robustes risquent d'être rapidement dépassées et de devenir un facteur inhibant pour les opérateurs, sans pour autant assurer le niveau de sécurité escompté. S'ils sont trop génériques, les opérateurs qui rencontrent des difficultés à interpréter les politiques à des fins de mise en œuvre et de conformité risquent d'être confrontés à une insécurité juridique.

Ainsi, aux États-Unis, les pouvoirs publics promeuvent le Cadre de cybersécurité élaboré par l'Institut national des normes et de la technologie (National Institute of Standards and Technologies – NIST) en coopération avec l'industrie (NIST, 2024[25]). Le Cadre de cybersécurité est un document d'orientation non contraignant fondé sur les normes, les lignes directrices et les pratiques existantes. Son utilité est largement reconnue, y compris en dehors des États-Unis et au-delà des opérateurs d'activités critiques. Au Japon, le Centre national de préparation aux incidents et de stratégie pour la cybersécurité *(National Center of Incident readiness and Strategy for Cybersecurity* – NISC) fournit des orientations par le biais de la Politique de cybersécurité pour la protection des infrastructures critiques, qui comprend les Lignes directrices pour l'établissement de principes de sécurité destinés à garantir la sécurité de l'information des infrastructures critiques. En mars 2021, l'Agence coréenne pour l'internet et la sécurité (Korea Internet & Security Agency – KISA) a publié des Directives pour l'analyse et l'évaluation des vulnérabilités techniques des infrastructures d'information critiques en vue de renforcer les capacités de cybersécurité des opérateurs d'infrastructures critiques.

La Recommandation de l'OCDE sur la sécurité numérique des activités critiques est l'expression du consensus des Membres de l'Organisation concernant l'ensemble de mesures de gestion du risque de haut niveau qu'il devrait être recommandé aux opérateurs d'adopter (OCDE, 2019[2]).

Les politiques destinées à renforcer la sécurité numérique des activités critiques se trouvent à la croisée de plusieurs domaines (Graphique 6.4). Elles visent à soutenir la transformation numérique en garantissant la confiance dans les activités qui sont essentielles au fonctionnement et à la prospérité des économies et des sociétés. Elles font donc partie d'un programme national de *politique de transformation numérique*, ainsi que d'un programme national de *sécurité numérique*. Comme expliqué ci-dessus, les politiques destinées à renforcer la sécurité numérique des activités critiques peuvent s'appuyer sur l'évaluation nationale des risques découlant du cadre de protection des infrastructures critiques du pays, qui fait souvent partie d'un programme de *sécurité nationale et de sûreté publique*. En outre, elles couvrent différents secteurs tels que la finance, l'énergie, les communications, les transports et les soins de santé, avec des caractéristiques techniques, commerciales, économiques, réglementaires, culturelles et autres qui leur sont propres. Par conséquent, ces politiques peuvent également être considérées comme faisant partie de plusieurs programmes *sectoriels* (notamment sur les villes intelligentes, les réseaux électriques intelligents, la santé connectée) et doivent tenir compte des réglementations sectorielles et des conditions du marché. Le Décret présidentiel 14117 de 2024 des États-Unis visant à empêcher l'accès à des volumes élevés de données personnelles sensibles des Américains et de données relatives au gouvernement des États-Unis par des pays considérés comme « préoccupants » et la règle connexe sur la sécurité des données, qui limite le transfert en masse de données personnelles sensibles vers les pays préoccupants, protègent la sécurité nationale des États-Unis tout en répondant aux exigences transversales liées à la protection de la vie privée et à la cybersécurité et en évitant les mandats étendus de localisation des données (US Department of Justice, 2025[26]).

Graphique 6.4. Coordination visant à renforcer la sécurité numérique des activités critiques

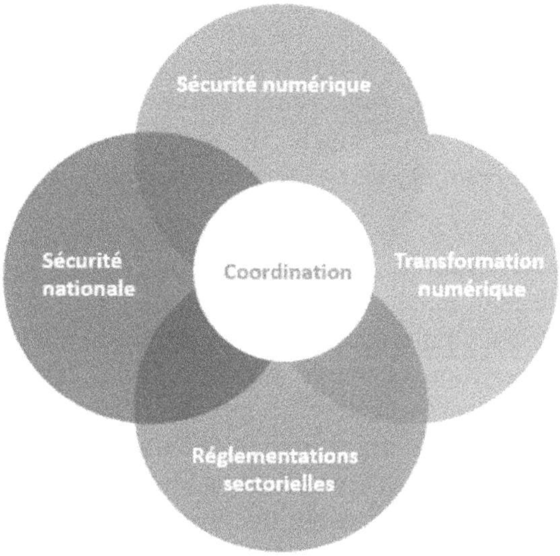


Source : OCDE.

Prendre en compte ces différents points de vue de manière équilibrée constitue généralement un défi de taille pour les pouvoirs publics. Pour y parvenir, ils doivent : 1) fixer, au plus haut niveau de l'administration et dans le cadre d'une stratégie nationale de sécurité numérique, des objectifs clairs destinés à renforcer la sécurité numérique et la résilience des activités critiques, 2) adopter un mécanisme de gouvernance nationale qui attribue à un ou plusieurs organisme(s) public(s) la responsabilité de renforcer la sécurité numérique des activités critiques à l'échelle des différents secteurs et en leur sein, et 3) garantir une coordination nationale mobilisant l'ensemble de l'administration en vue d'établir une coopération intra-gouvernementale, d'assurer la cohérence des mesures adoptées dans les différents secteurs, de répartir les ressources entre les organismes publics responsables et de créer une masse critique d'expertise et de compétences, ainsi que de faciliter la coopération internationale.

### *Cadre de gouvernance pour la sécurité numérique des activités critiques dans les pays de l'OCDE*

Les pays de l'OCDE n'ont pas adopté une approche unique de la coordination à l'échelle de l'ensemble de l'administration. Les cadres de gouvernance varient considérablement, en fonction notamment de la constitution, du style de gouvernement et de la structure administrative du pays. Dans tous les cas, ils doivent garantir le respect des droits humains et des valeurs fondamentales.

La gouvernance couvre généralement trois fonctions clés : 1*)* la définition de la stratégie ou du cadre d'action global, 2*)* la mise en œuvre du cadre dans chaque secteur et 3*)* la capacité opérationnelle. Les trois fonctions peuvent être centralisées au sein d'un organisme unique, comme c'est le cas en France avec l'Agence nationale de la sécurité des systèmes d'information (ANSSI), ou réparties de différentes manières.

Ainsi, l'élaboration de la stratégie peut être pilotée par un ministère (comme en Allemagne, au Royaume-Uni ou au Japon), et la capacité opérationnelle confiée à un organisme distinct (NCSC au Royaume-Uni, Office fédéral de la sécurité de l'information [BSI] en Allemagne, NISC au Japon). La mise en œuvre du cadre et la supervision peuvent être centralisées ou décentralisées par le biais de régulateurs sectoriels. Au Danemark, le cadre d'action général a été élaboré par le ministère des Finances au titre de la stratégie nationale de sécurité numérique, mais chaque ministère responsable d'un secteur critique (énergie, santé, transports, etc.) est tenu d'établir une sous-stratégie spécifique dans son domaine de compétence (Ministère des Finances, Danemark, 2018[27]). En Türkiye, les stratégies de cybersécurité sont élaborées par le Conseil de la cybersécurité, qui dépend du ministère des Transports et des Infrastructures. Les autorités chargées de réglementer les secteurs d'infrastructures critiques, le cas échéant, ou les ministères concernés sont responsables de la mise en œuvre des mesures de portée générale énoncées dans les plans d'action du Conseil de la cybersécurité. Dans de nombreux pays, l'organisme chargé de l'assistance opérationnelle en matière de sécurité numérique peut assurer la liaison avec les services de répression et de renseignement.

Chaque approche présente des avantages et des inconvénients. Ainsi, une approche centralisée facilite la cohérence réglementaire, mais rend plus difficile une réglementation sectorielle détaillée, imposant à l'organisme central de consulter les régulateurs sectoriels concernés et de créer des liens avec les opérateurs privés d'activités critiques. Une approche décentralisée quant à elle facilite l'élaboration et la mise en œuvre d'une réglementation sectorielle spécifique, mais requiert davantage d'efforts pour assurer la cohérence entre les secteurs et présenter aux pouvoirs publics une image globale de la situation. L'un des principaux avantages de l'approche décentralisée tient au fait que les régulateurs sectoriels entretiennent déjà des relations avec les opérateurs de leur secteur et comprennent leurs contraintes. Toutefois, les opérateurs peuvent être réticents à l'idée de divulguer aux régulateurs sectoriels des informations relatives à la sécurité numérique qui pourraient être utilisées à d'autres fins réglementaires (Commission européenne, 2019[28]).

Il est important de veiller à ce que les organismes responsables disposent de capacités suffisantes pour accomplir leurs tâches, notamment en termes de financement et de ressources, ainsi que d'expertise en matière de sécurité numérique, qui est rare dans la plupart des pays et difficile à conserver dans le secteur public. Il peut sembler plus facile de bâtir une masse critique d'expertise en matière de sécurité numérique au sein d'un organisme central, car la plupart des défis techniques connexes sont communs à tous les secteurs.

Les pouvoirs publics peuvent résoudre ce problème en séparant l'action publique de l'expertise opérationnelle. Par exemple, au Royaume-Uni, le NCSC apporte son soutien aux régulateurs sectoriels en leur offrant des conseils techniques et les services d'une équipe de réponse aux incidents de sécurité informatique (CSIRT). Un organisme central peut également fournir des orientations et des lignes directrices pour aider les agences sectorielles à mener à bien leur mission, comme c'est le cas au Japon et au Royaume-Uni (DCMS, 2018[29] ; Gouvernement du Japon, 2024[30]). Dans les faits, la plupart des pays suivent un modèle relativement hybride. Les pays ayant adopté une approche centralisée compensent la centralisation par des consultations et une coopération intragouvernementales, tandis que ceux qui ont opté pour un modèle décentralisé disposent généralement d'un organe opérationnel central chargé d'aider les régulateurs sectoriels et d'informer sur la situation globale.

Dans ce cadre général, les pouvoirs publics devraient renforcer les capacités dédiées au soutien à la gestion du risque de sécurité numérique et à la résilience des activités critiques. Il s'agit notamment de développer de nouvelles capacités de réponse aux incidents ou de renforcer des capacités existantes par l'intermédiaire d'une équipe de réponse aux incidents de sécurité informatique (CERT/CSIRT), d'un centre opérationnel de sécurité (SOC), ou de plusieurs acteurs de ce type fonctionnant par exemple par secteur. Si les pouvoirs publics doivent disposer d'au moins une CERT/CSIRT pour gérer les incidents affectant leurs propres systèmes, les autres CERT/CSIRT ne sont pas nécessairement des organismes du secteur public. Les pouvoirs publics jouent souvent un rôle de premier plan dans l'organisation d'exercices de cybersécurité sectoriels et intersectoriels avec les opérateurs afin de tester et d'améliorer les mesures existantes, y compris les flux d'informations entre les parties prenantes en cas de crise. Ces exercices peuvent impliquer des partenaires internationaux au niveau régional (comme c'est le cas de l'exercice Cyber Europe organisé par l'ENISA) ou international (à l'instar de l'exercice Cyberstorm, organisé par l'agence CISA et dirigé par les États-Unis) (ENISA, 2024[31] ; CISA, 2024[32]).

### *La sécurité des réseaux de communication*

En 2023, l'OCDE a analysé la sécurité des infrastructures de communication (OCDE, 2023[4]) à la lumière des dernières évolutions survenues, telles que la généralisation de la transformation numérique et la façon dont elle affecte les opérateurs de communication. Compte tenu du rôle crucial joué par les réseaux de communication dans la transformation numérique, leur résilience et leur sécurité numérique sont devenues une priorité pour les responsables de l'action publique des pays de l'OCDE, qui doivent assurer le fonctionnement de nos économies et de nos sociétés dépendantes du numérique et renforcer la confiance dans la transformation numérique à l'œuvre. Cependant, le nombre et la sophistication des cyberattaques menées contre ces réseaux augmentent. Dans le même temps, les réseaux de communication connaissent des changements importants et sont mis à niveau de sorte à respecter les nouvelles normes technologiques (notamment la 5G), ce qui a une incidence sur leur sécurité.

Le rapport recense quatre tendances qui sont en train de transformer les réseaux de communication et présente leurs conséquences sur le plan de la sécurité numérique (OCDE, 2023[4]) :

- L'augmentation de la criticité des réseaux de communication et de la dépendance de l'économie et de la société à leur égard, ce qui modifie les conditions de leur sécurité numérique.
- La progression de la virtualisation des réseaux et de l'utilisation des services infonuagiques.
- L'évolution des réseaux vers une plus grande ouverture, y compris pour le réseau d'accès radioélectrique (RAN).
- Le rôle joué par l'intelligence artificielle dans les réseaux de communication.

Chacune de ces tendances façonne les réseaux de communication et, partant, soulève des questions quant à leurs répercussions sur la sécurité numérique.

D'une part, elles profitent à la gestion du risque de sécurité numérique des infrastructures de communication. Elles peuvent contribuer à améliorer la visibilité et la gestion des réseaux, permettre la segmentation et l'isolement des réseaux, allouer plus efficacement les ressources de sécurité et automatiser la détection précoce des activités et des logiciels malveillants (OCDE, 2023[4]). La transparence accrue et la réduction de la dépendance à l'égard de certains fournisseurs sont d'autres avantages qu'une ouverture croissante pourrait apporter à la sécurité numérique.

D'autre part, ces tendances mettent à l'épreuve la gestion du risque de sécurité numérique au sein des infrastructures de communication. Dans l'ensemble, le rapport met en lumière plusieurs incidences :

- Une expansion de la surface d'attaque (soit l'ensemble des points d'un système d'information qui sont potentiellement vulnérables à une attaque). L'architecture des réseaux de communication se caractérisant par une complexité croissante et les réseaux étant de plus en plus définis par logiciel, basés sur l'infonuagique et virtualisés, ils présentent davantage de vulnérabilités logicielles susceptibles d'être exploitées (OCDE, 2023[4]).
- Une diversification et une complexification de la chaîne d'approvisionnement. Certaines des avancées technologiques qui accompagnent ces tendances tendent à accroître la dépendance des opérateurs de réseaux vis-à-vis de certains de leurs fournisseurs et à redistribuer le contrôle et la responsabilité de la gestion du risque de sécurité numérique tout au long de la chaîne de valeur. Sont concernés notamment les fournisseurs d'équipements de communication, ainsi que les prestataires de services infonuagiques et d'infrastructure infogérée, qui sont susceptibles de jouer un rôle de plus en plus important dans la sécurité numérique des réseaux de communication. La chaîne d'approvisionnement de l'infrastructure de communication est souvent complexe, ce qui rend encore plus difficile l'attribution des responsabilités en cas de survenue d'un incident de sécurité numérique.
- Un environnement de menaces de plus en plus préoccupant, alimenté en partie par la banalisation des attaques (de type « rançongiciel-service », par exemple) et le savoir-faire croissant des acteurs

malveillants, notamment ceux agissant pour le compte d'États. Dans ce contexte, la motivation des acteurs malveillants à porter atteinte à la disponibilité, à l'intégrité ou à la confidentialité des réseaux de communication augmente considérablement à mesure que la criticité de ces derniers progresse (OCDE, 2023[4]).

Le paradoxe auquel sont confrontés les pouvoirs publics est qu'alors que l'on tend de plus en plus à considérer les réseaux de communication comme des infrastructures critiques, leur sécurité numérique dépend en fin de compte de décisions prises par des tierces parties, à savoir les opérateurs de réseaux et leurs fournisseurs. Les pouvoirs publics ont toutefois un rôle clair à jouer pour encourager l'adoption de pratiques exemplaires en matière de sécurité numérique et pour soutenir l'instauration d'un environnement favorable qui permet aux parties prenantes d'atteindre un niveau optimal de sécurité numérique (OCDE, 2023[4]). Les objectifs stratégiques suivants, qui visent à aider à structurer les interventions des pouvoirs publics afin d'améliorer la sécurité numérique des infrastructures de communication, peuvent y contribuer (OCDE, 2023[4]) :

- Premièrement, adopter une approche stratégique globale en vue de renforcer la sécurité numérique des infrastructures de communication, qui i) prend en compte l'ensemble du cycle de vie des produits et des services dont dépendent les opérateurs, ii) rassemble toutes les parties prenantes concernées et iii) est coordonnée à l'échelle de l'ensemble de l'administration et au niveau international. Il est primordial que les organismes publics soient coordonnés et que leurs responsabilités et leurs mandats respectifs soient clairement définis.
- Deuxièmement, inciter les opérateurs de réseaux à renforcer la sécurité numérique et à adopter des cadres exhaustifs de gestion du risque (couvrant à la fois l'évaluation et la gestion du risque) et les encourager à étudier des approches de sécurité plus avancées, telles que le modèle « zéro confiance ».
- Troisièmement, traiter le risque de sécurité numérique de la chaîne d'approvisionnement en incitant les fournisseurs à améliorer la transparence de la chaîne d'approvisionnement (notamment par une meilleure traçabilité des composants et une certification de la sécurité numérique) et en soutenant sa diversification.

Pour compléter ces objectifs stratégiques, les pouvoirs publics peuvent prendre différentes mesures afin de relever les défis transversaux et respecter leurs objectifs. Cela peut aller d'approches modérées à des approches plus interventionnistes : orientations et cadres non contraignants, initiatives multipartites et financement de la recherche, évaluation et certification par des tierces parties, marchés publics et obligations juridiques (OCDE, 2023[4]). Ces mesures peuvent être adaptées en fonction des besoins de sorte à affronter efficacement les défis transversaux en termes de portée, d'ampleur et de rapidité des cyberattaques. Les pays de l'OCDE ont lancé des programmes intégrant ces mesures, qui vont de cadres non contraignants à des obligations juridiques en matière de sécurité numérique. Toutefois, la sécurité numérique est un objectif en constante évolution qui nécessite une réévaluation permanente, tant au niveau des pratiques exemplaires que les acteurs privés peuvent mettre en œuvre qu'au niveau de la structure et de l'objectif de l'action publique afin de créer un environnement propice à l'adoption des pratiques exemplaires par les acteurs privés (OCDE, 2023[4]).

## Conclusions

Ce chapitre s'est intéressé à la façon dont l'OCDE aborde la sécurité numérique d'un point de vue économique et social. Il a décrit les principales différences entre la sécurité numérique et les autres dimensions de la cybersécurité et présenté la gestion du risque de sécurité numérique. Après un bref aperçu des domaines de l'action publique liés à la sécurité numérique, on y a détaillé l'approche adoptée par l'OCDE en vue de renforcer la sécurité numérique des activités critiques, un domaine à la croisée de l'élaboration des politiques économique et de sécurité nationale, en mettant notamment l'accent sur la sécurité des infrastructures de communication.

Comme le montre ce chapitre, l'OCDE dispose d'une série d'outils destinés à aider les pouvoirs publics à promouvoir la sécurité numérique. Le *Cadre d'action sur la sécurité numérique : La cybersécurité pour la prospérité* présente l'approche de l'OCDE dans ce domaine, telle qu'elle transparaît dans sept Recommandations adoptées par le Conseil pour guider les pouvoirs publics dans leurs efforts visant à renforcer la résilience numérique et à établir des bases de confiance solides pour notre avenir numérique. Le Cadre couvre les Recommandations sur :

- la gestion du risque de sécurité numérique (OCDE, 2022[6])
- les stratégies nationales de sécurité numérique (OCDE, 2022[11])
- la sécurité numérique des activités critiques (OCDE, 2019[2])
- la sécurité numérique des produits et des services (OCDE, 2022[14])
- la gestion des vulnérabilités de sécurité numérique (OCDE, 2022[18])
- la politique de cryptographie (OCDE, 2007[20])
- l'authentification électronique (OCDE, 1997[19]).

Outre les Recommandations et les documents d'orientation, l'OCDE a analysé d'autres aspects de la sécurité numérique, tels que la sécurité du système de noms de domaine (DNS) (OCDE, 2022[33]) et la sécurité du routage (OCDE, 2022[34]). Le Forum mondial de l'OCDE sur la sécurité numérique pour la prospérité offre également un cadre multilatéral de portée internationale au sein duquel toutes les communautés d'experts peuvent dialoguer, partager leurs expériences et influer sur l'élaboration des politiques publiques en matière de sécurité numérique. Il organise chaque année des événements thématiques. Les résultats de ces réflexions influencent les débats d'orientation internationaux et peuvent conduire à l'élaboration de travaux d'analyse, de principes et de recommandations sur l'action à mener au niveau international, tant au sein de l'OCDE que dans d'autres enceintes internationales. Le Forum a abordé des questions telles que l'*open source* et le modèle « zéro confiance » en 2024, l'internet des objets en 2023 et l'innovation en matière de sécurité numérique en 2019 (OCDE, 2024[35]).

Alors que les répercussions de la sécurité numérique sur l'économie et la société s'accentuent et que le rythme du développement technologique s'accélère, l'OCDE continuera à s'intéresser de près à ce domaine essentiel de la sécurité économique et à soutenir les pouvoirs publics et les parties prenantes, notamment en s'attachant à :

- Recenser et analyser les implications, pour l'action des pouvoirs publics, de la sécurité numérique de technologies d'avant-garde telles que l'informatique quantique et l'IA générative. Les technologies de l'information quantique, en particulier, devraient avoir des effets perturbateurs sur la sécurité numérique dans la mesure où elles rendraient moins sûres certaines des méthodes de chiffrement largement utilisées aujourd'hui, mais pourraient dans le même temps stimuler la mise au point de nouvelles défenses plus robustes (OCDE, 2024[36]).
- Soutenir la mise en œuvre du *Cadre d'action de l'OCDE sur la sécurité numérique : La cybersécurité pour la prospérité* (OCDE, 2023[1]), notamment en examinant et en analysant le rôle des labels et des dispositifs de certification en tant que mesures complémentaires, les vulnérabilités liées aux risques systémiques pour les chaînes d'approvisionnement mondiales que représentent les fournisseurs d'infrastructure infogérée (OCDE, 2024[36]), et les mesures visant à combler le déficit de compétences dans le domaine de la sécurité numérique.
- À la faveur des travaux de l'OCDE sur la mesure de la situation et des performances en matière de cybersécurité dans différents pays (OCDE, 2024[37]), des travaux destinés à évaluer l'incertitude en matière de cybersécurité peuvent compléter les statistiques existantes et aider à anticiper les nouvelles tendances dans ce domaine, à élaborer des programmes de sensibilisation à la

cybersécurité plus ciblés, et à promouvoir l'instauration d'un écosystème numérique plus sûr et plus résilient. Les efforts visant à mesurer l'innovation en matière de cybersécurité peuvent également permettre de disposer d'une base factuelle plus solide pour élaborer et mettre en œuvre les politiques de sécurité numérique.

Ces travaux auront pour but de tenir les responsables de l'action publique au fait des nouveaux développements dans le domaine en constante évolution de la sécurité numérique et de renforcer les défenses au service de l'avenir numérique.

## Références


Bernat, L. (2021), « Enhancing the digital security of critical activities », *OECD Going Digital Toolkit Notes, n° 17*, https://goingdigital.oecd.org/data/notes/No17_ToolkitNote_DigitalSecurity.pdf. [3]

CISA (2024), *Cyber Storm: Securing Cyber Space*, https://www.cisa.gov/cyber-storm-securing-cyber-space. [32]

CISA (2024), *National Critical Functions*, https://www.cisa.gov/topics/risk-management/national-critical-functions. [22]

Commission européenne (2019), *Rapport de la Commission au Parlement européen et au Conseil évaluant la cohérence de l'approche adoptée par les États membres pour identifier les opérateurs de services essentiels*, https://eur-lex.europa.eu/legal-content/FR/TXT/HTML/?uri=CELEX:52019DC0546&from=FR. [28]

DCMS (2018), *NIS Regulations: Guidance for Competent Authorities*, https://www.gov.uk/government/publications/nis-regulations-guidance-for-competent-authorities. [29]

ENISA (2024), *Cyber Europe*, https://www.enisa.europa.eu/topics/training-and-exercises/cyber-exercises/cyber-europe-programme. [31]

Gouvernement du Japon (2024), *The Cybersecurity Policy for Critical Infrastructure Protection (4th Edition)*, https://www.nisc.go.jp/eng/pdf/cip_policy_2024_eng.pdf. [30]

ISO/IEC (2022), *ISO 31073:2022(en) - Risk management — Vocabulary*, https://www.iso.org/obp/ui/#iso:std:iso:31073:ed-1:v1:en. [7]

Ministère des Finances, Danemark (2018), *Danish Cyber and Information Security Strategy*, https://en.digst.dk/media/17189/danish_cyber_and_information_security_strategy_pdf.pdf. [27]

NIST (2024), *NIST Cybersecurity Framework 2.0*, https://www.nist.gov/cyberframework. [25]

OCDE (2024), *Forum mondial sur la sécurité numérique pour la prospérité*, https://www.oecd.org/fr/networks/global-forum-on-digital-security-for-prosperity.html. [35]

OCDE (2024), *New perspectives on measuring cybersecurity*, Éditions OCDE, Paris, https://doi.org/10.1787/b1e31997-en. [37]

OCDE (2024), *Perspectives de l'économie numérique de l'OCDE 2024 (Volume 2) : Renforcer la connectivité, l'innovation et la confiance*, Éditions OCDE, Paris, https://doi.org/10.1787/fe8e1010-fr. [36]

OCDE (2023), *Cadre d'action de l'OCDE sur la sécurité numérique : La cybersécurité pour la prospérité*, Éditions OCDE, Paris, https://doi.org/10.1787/a0517600-fr. [1]

OCDE (2023), *Enhancing the security of communication infrastructure*, Éditions OCDE, Paris, https://doi.org/10.1787/bb608fe5-en. [4]

OCDE (2022), *Guide de bonnes pratiques sur la coordination de la gestion des vulnérabilités*, OCDE, Paris, https://one.oecd.org/document/DSTI/CDEP/SDE(2021)9/FINAL/fr/pdf. [21]

OCDE (2022), *Recommandation du Conseil sur la gestion des vulnérabilités de sécurité numérique*, https://legalinstruments.oecd.org/fr/instruments/OECD-LEGAL-0482. [18]

OCDE (2022), *Recommandation du Conseil sur la gestion du risque de sécurité numérique*, https://legalinstruments.oecd.org/fr/instruments/OECD-LEGAL-0479. [6]

OCDE (2022), *Recommandation du Conseil sur la sécurité numérique des produits et des services*, https://legalinstruments.oecd.org/fr/instruments/OECD-LEGAL-0481. [14]

OCDE (2022), *Recommandation du Conseil sur les stratégies nationales de sécurité numérique*, https://legalinstruments.oecd.org/fr/instruments/OECD-LEGAL-0480. [11]

OCDE (2022), *Routing security: BGP incidents, mitigation techniques and policy actions*, Éditions OCDE, Paris, https://doi.org/10.1787/40be69c8-en. [34]

OCDE (2022), *Security of the Domain Name System (DNS): An introduction for policy makers*, Éditions OCDE, Paris, https://doi.org/10.1787/285d7875-en. [33]

OCDE (2021), « Digital security in SMEs », dans *The Digital Transformation of SMEs*, Éditions OCDE, Paris, https://doi.org/10.1787/cb2796c7-en. [13]

OCDE (2021), *Enhancing the digital security of products: A policy discussion*, Éditions OCDE, Paris, https://doi.org/10.1787/cd9f9ebc-en. [16]

OCDE (2021), *Smart policies for smart products: A policy maker's guide to enhancing the digital security of products*, https://www.oecd.org/digital/smart-policies-for-smart-products.pdf, https://www.oecd.org/digital/smart-policies-for-smart-products.pdf. [17]

OCDE (2021), *Understanding the digital security of products : An in-depth analysis*, Éditions OCDE, Paris, https://doi.org/10.1787/abea0b69-en. [15]

OCDE (2020), *Encouraging digital security innovation: Global Forum on Digital Security for Prosperity*, Éditions OCDE, Paris, https://doi.org/10.1787/e65d02af-en. [12]

OCDE (2020), *Going Digital integrated policy framework*, Éditions OCDE, Paris, https://doi.org/10.1787/dc930adc-en. [5]

OCDE (2019), *Recommandation du Conseil sur la sécurité numérique des activités critiques*, https://legalinstruments.oecd.org/fr/instruments/OECD-LEGAL-0456. [2]

OCDE (2018), *Guide OCDE sur le devoir de diligence pour une conduite responsable des entreprises*, https://mneguidelines.oecd.org/duediligence/OECD-Due-Diligence-Guidance-for-Responsible-Business-Conduct-FR.pdf. [9]

OCDE (2015), *Principes de gouvernement d'entreprise du G20 et de l'OCDE*, Éditions OCDE, Paris, https://doi.org/10.1787/9789264236905-fr. [10]

OCDE (2011), *Les principes directeurs de l'OCDE à l'intention des entreprises multinationales*, Éditions OCDE, Paris, https://doi.org/10.1787/9789264115439-fr. [8]

OCDE (2008), *Recommandation du Conseil sur la protection des infrastructures d'information critiques*, https://legalinstruments.oecd.org/fr/instruments/OECD-LEGAL-0361. [24]

OCDE (2007), *Recommandation du Conseil sur l'authentification électronique*, https://legalinstruments.oecd.org/fr/instruments/OECD-LEGAL-0353. [20]

OCDE (1997), *Recommandation du Conseil relative aux Lignes directrices régissant la politique de cryptographie*, https://legalinstruments.oecd.org/fr/instruments/OECD-LEGAL-0289. [19]

Union européenne (2022), *Directive (UE) 2022/2555 du Parlement européen et du Conseil du 14 décembre 2022 concernant des mesures destinées à assurer un niveau élevé commun de cybersécurité dans l'ensemble de l'Union*, http://data.europa.eu/eli/dir/2022/2555/oj. [23]

US Department of Justice (2025), *Data security*, https://www.justice.gov/nsd/data-security. [26]

## Notes

[1] Direction de la science, de la technologie et de l'innovation de l'OCDE.

[2] Boîte à outils de l'OCDE sur la transformation numérique, Individus ayant subi des incidents de sécurité – 3 derniers mois, [consulté le 29 juillet 2024] https://goingdigital.oecd.org/datakitchen/#/explorer/1/toolkit/indicator/explore/en.

[3] https://www.imf.org/en/Publications/GFSR/Issues/2024/04/16/global-financial-stability-report-april-2024?cid=bl-com-SM2024-GFSREA2024001, pp. 77-78.